中学物理教学模式
与素养教育探究

杨青春　著

吉林人民出版社

图书在版编目（CIP）数据

中学物理教学模式与素养教育探究 / 杨青春著. —
长春：吉林人民出版社，2023.11
ISBN 978-7-206-20736-5

Ⅰ. ①中… Ⅱ. ①杨… Ⅲ. ①中学物理课－教学研究
－高中 Ⅳ. ①G633.72

中国国家版本馆 CIP 数据核字（2023）第 248028 号

中学物理教学模式与素养教育探究

ZHONGXUE WULI JIAOXUE MOSHI YU SUYANG JIAOYU TANJIU

著　　者：杨青春
责任编辑：孙　昶
出版发行：吉林人民出版社（长春市人民大街 7548 号　邮政编码：130022）
印　　刷：吉林省海德堡印务有限公司
开　　本：787mm×1092mm　　1/16
印　　张：9.5　　　　　　字　　数：125 千字
标准书号：ISBN 978-7-206-20736-5
版　　次：2024 年 1 月第 1 版　印　次：2024 年 1 月第 1 次印刷
定　　价：58.00 元

前　言

当前我国物理学科课程改革进入了一个新的历史时期。在这种背景下，我国物理学科发展在紧紧围绕核心素养建设展开的同时，还应进一步加强对物理学科课程体系、教学设计体系与实验体系等的建设。在对这些体系进行建设和完善的过程中，教师或研究者需要以核心素养为指引，深入研究物理学科的概念、教学设计方法和实验模式等；需要以核心素养为指引和依据来选择物理学科的教学内容；需要设计与物理学科核心素养培育的教学目标和方式相适应的评价标准和评价方法；等等。

在进行物理学科教学设计时，物理教师应尽可能避开教学设计的两大误区——聚焦活动的教学和聚焦灌输的教学。前者未明确学习体验如何帮助学生达到学习目标；后者缺少明确的概念体系来引导教学，而且也难以让学习效果在教学设计上得到真正落实。因此，物理教师在考虑如何开展教与学活动之前，要深入思考教学要达到的目的到底是什么，以及教学过程中的哪些证据足以表明学生的学习已达到了目的。这就要求教师必须先关注学生的学习期望，然后才有可能产生恰当的教学行为，即最好的教学设计应"以终为始"，从教学结果逆向思考教学设计。这个概念和方法对于追求有意义、有效果的物理教学设计以及思考和寻找教师教学行为转变的路径颇为有效。不仅如此，在物理教学过程中，物理教师还应从实验实践的效果来深入理解教学，要从每个实验的基本指标来理解实验教学目的、活动和过程，而不仅仅是对知识的再现。

笔者在撰写本书的过程中，参考和借鉴了部分学者和专家的研究成果，在此向其作者表示诚挚的感谢。由于知识水平有限，书中难免有疏漏与不妥之处，敬请广大读者批评指正。

目 录

第一章　中学物理教学概述

第一节　中学物理教学的意义

中学物理教学对促进学生全面发展具有重要意义。总的来说，中学物理教学对学生的意义体现在以下几个方面。

一、培养学生的求真精神

物理学的研究对象大至宏观宇宙，小至微观粒子，涉及它们的基本结构、运动规律。物理学正是在不断"求真"的过程中发展起来的，正是在历代物理学家长期锲而不舍的科研实践中，逐渐揭示了物理世界运动变化的客观规律，创造了丰富的理论与应用的成果。对物理学家而言，没有什么工作日或什么休息日，何时休息完全视工作需要而定。他们常常会随时随地地思考手头正在研究的问题。阿基米德在洗澡时发现了浮力定律；安培把路边一辆马车的后挡板当成黑板在上面演算起来。人最宝贵的是生命，但物理学家们为了从事研究，不惜将生命置之度外。富兰克林为研究雷电而冒险进行"费城实验"；里赫曼为同一目的遭雷击身亡。物理学家对真理的孜孜以求铸就了人类矢志不渝追求真理的科学传统与精神。这种求真的精神正是人文精神的要义之一。

二、培养学生实事求是的科学态度

物理学是探求真理的事业，然而事物的本质属性和内在联系不是直接外显的，需要科学家们对事物主动积极地观察、实验、分析、比较，穷根究底，如此才能从现象之间或现象背后找到事物发展的规律，因此必须尊重事实、实事求是。中学物理的学习过程涉及许多物理现象和事实的分析和概括，这是培养学生尊重事实的科学态度的有利资源。

三、培养学生的质疑精神

科学需要重复观测的事实来支持，以此确认科学理论的真理性，也借此把科学理论与科学假说、科学猜想以及伪科学区分开来，这正是质疑精神在科学理论建立过程中的作用。只有具有质疑精神，才可能独立判断和独立思考，才可能排除轻信和盲从，也才可能产生创新的意识。只有质疑的意识，而没有批判的理性，就不可能有真正的收获。批判的理性在本质上是一种反思和超越，不是简单否定，也不是彻底否定，因为被理性批判的对象本身不但是一个目标，也是一个基础。中学物理教学可以使学生学会如何对待他人的观点，在独立思考的基础上进行有根据的质疑，培养质疑精神。

四、培养学生的创新精神

科学在本质上是创新的，科学的生命在于创新。科学创新体现为创立新的理论和方法，以及将理论成果转化为生产技术及其应用。从某种意义上说，一部科学史就是不断创新的历史。物理学是自然科学中最具典范性的学科。几百年来，物理学积累起来的丰富的创新成果和创新思想，对培养创新人才具有其他自然科学学科难以比拟的教育功能和文化价值。物理学的大量创新实践已成为科学神坛上闪耀的星光，永远指引和激励后人对科学的追求与创造。

五、帮助学生学会如何与他人相处、合作

在中学物理学习中，学生不但学会了提出问题和解决问题，而且通过探究中挫折的教训和成功的经验，逐渐找到与他人交往和合作的正确

途径，逐渐学会耐心、真诚地听取他人的意见，逐渐学会尊重别人的劳动成果，等等。

第二节　中学物理教学的特征

一、物理教学的本质特征

辩证唯物主义思想贯穿物理教学的整个过程，因此，物理教学的本质是科学性。这种科学性具体表现在物理教学过程中的教学思想、内容、方法的正确性、准确性与先进性。

（一）教学思想的科学性

在物理教学的全过程中，学生都应当是学习的主体。坚持以人为本，树立全面、协调、可持续发展观，促进经济社会和人的全面发展，是科学发展观的本质和核心，也是当代教育发展理念的本质和核心。实践证明，要使物理课程的教学成为学生全面发展的基本途径，除充分尊重学生的人格、尊严和权利之外，还要调动学生自身的学习积极性，让学生主动参加物理学习和探究。也就是说，物理教学过程中，教师与学生的一切努力就是为了实现学生在心理行为上的自我调节，使其发生知识的正迁移，从而培养学生的能力，提高学生的物理科学素养。

另外，物理教学应当体现物理学科独特的基本观点，包括：①实验的观点。靠观察和研究物理对象一般不确切，难以发现内在规律和本质性的东西，只有经过实验，才能对被观察的客体做出较正确的判断。②量的观点。物理学总是喜欢运用数学的研究方法来分析和简化问题，总是力求定量分析，尽可能在数量关系方面把握物理意义，挖掘物理的内涵和开拓其外延，从而更深刻地认识其本质规律。③统计的观点。物理学认为物质的宏观特点是大量微观粒子行为的集体表现，宏观物理量是相应微观物理量的统计平均值，物理学研究物质客观现象的本质时，根据物质结构建立在宏观量与微观量之间这一关系的基础上，一般都采用统计方法分析和解决问题。④守恒的、对称的观点。物理学认为，自然界运动及其转化的守恒性具有两个不可分割的含义：第一，自然界各种物质运动形式的转化，在质上也是守恒的；第二，改变空间地点、方向或时间，物理规律不变，而把物理规律做"平面镜上成像"式的空间反演或者"时光倒流"式的时间反演，有些情况规律不变，有些情况规律发生了变化，前者称为"对称"，后者称为"破缺"（即不对称）。研究表明，每一种时间变换的对称性都对应一条守恒定律。当物理理论同实验发生冲突或物理理论内部出现悖论时，往往会发生一些对称性的破坏，即破缺，这时会从更高的层次上建立更加普遍的对称性。

（二）教学内容的科学性

教学内容既包括客观存在的教材，也包括师生在课堂上进行双向交流的内容。首先，教材所体现的知识结构体系是科学的，即教材中所阐述的物理概念和规律是有充分事实依据的，物理定理、结论的推导具有正确的逻辑推理。教材具有的科学性大致表现在三个方面：①物理教材要讲清楚学生在各学习阶段应学会的基本概念、规律、基本观点和思想以及物理实验的一些基本技能；②简要说明物理学的发展历程，使学生能够关注物理学对经济、社会发展的影响，以及物理学与其他学科之间的联系；③教材内容的选择、知识结构的编排要符合学生智能发展的规律，要符合学生的心理认知规律。其次，教材具有科学性。例如，在初中要"改变学科本位"，有意淡化物理学科知识体系的特有逻辑结构；而在普通高中的物理教学内容中，这种"淡化"应当减弱；到了大学阶段，为能科学地给物理专业的学生提供完整的物理知识结构体系，则必须强调教学内容的逻辑结构。这是因为当教材的逻辑与学生的心理逻辑一致时，学生就会对这种"心理化的教材"产生浓厚的兴趣，从而主动积极地学习。

师生在课堂上进行双向交流内容的科学性体现在两个方面：其一是表述的物理知识内容要准确无误；其二是阐述物理规律要具备逻辑思维

的严密，要对每一个物理现象、物理概念、规律都能正确地解释，并能准确地运用物理术语或图示表达出来。

（三）教学方法的科学性

中学物理教学不仅要注重对学生的启发教育，还要符合学生的认知规律，只有做到这两点的教学方法才是科学的。教师在物理教学过程中设计的一切有利于学生主体发挥能动性的活动能否调动学生、启发学生，这一点很重要。只有具备启发性的东西，才可能引起学生学习的注意、思考的兴趣，学生才会主动地去领悟、去理解、去应用。

学生要经历科学探究过程，去认识科学探究的意义，尝试应用科学探索的方法研究物理问题，验证物理规律。在这个过程中，教师要合理地诱导，精心地组织与安排，如设计问题、安排实验仪器、创设物理情境等，从而引导学生积极主动地进行探究式学习。

凡是符合学生认知规律的教学方法都有存在的价值。就科学性而言，"循序渐进"是不应当被忽视的。中学物理教材的编写是按问题从易到难、从简单到复杂的顺序逐步深入的。经常地复习巩固，及时发现和补救在知识与能力中的缺陷，使教学连贯进行下去，使中学生学习物理从不懂到懂，从懂到熟练掌握，从学会到会学，这就是"循序渐进"。

总之，不论是教师教物理还是学生学物理，只有符合学生认知规律的方法，才是科学的。

二、物理教学过程的基本特征

物理教学过程的特点，既是一般教学过程特点的反映，又是物理学本身的特点，是由物理教学目的和学生物理学习特点共同决定的。具体来说，物理教学过程有以下五个基本特点。

（一）以观察和实验为基础

观察和实验作为一种手段，特别是作为一种物理学的基本思想或基本观点，在物理学的形成和发展中起着十分重要的作用。物理学研究中，观察和实验的思想与方法必然影响和制约着物理教学过程。

物理教学必须建立在观察和实验的基础上。在物理教学中，观察和实验是学生获得感性认识的主要来源，它为学生进行物理思维、实现从感性认识到理性认识的飞跃提供了必要的手段，能帮助学生深刻理解物理知识是在怎样的基础下建立起来的，使他们学习物理知识不至于迷茫。

物理教师要有效地利用观察和实验来组织教学，激发学生学习物理的兴趣。这是培养学生的观察能力和实验能力，以及提高学生的实验技能的基本途径和重要手段。

中学物理课程标准的相关要求强调，要培养学生的观察能力和实验能力，要求学生应知道实验目的和条件，能制定实验方案，能正确选择实验方法及所需要的实验装置和器材；要求物理教师做好演示实验，指导并鼓励学生多做一些课外小实验，把所学的知识和技能运用于实际，切实培养学生的实验操作能力，激发学生的探究欲望。

（二）以数学方法为研究方法和手段

数学方法的运用具有独特的优点，其具体表现在三个方面：其一，数学方法的高度概括性特征，为描述具有深刻内涵的物理概念和规律提供了最佳表达方式；其二，数学方法简捷而又严密的逻辑思维方式，为简化和加速人们进行物理思维的进程提供了助力；其三，数学方法作为计算工具所具有的严密性、逻辑性和可操作性等特性，在物理理论的建立、发展和应用等方面有着重要的作用。

综上所述，教师要充分发挥数学方法和数学思维在处理、分析、表述和解决物理问题中的作用，在物理教学中恰当适时地引导学生有针对性地将物理问题和数学方法有机结合起来，运用数学方法解决物理问题。只有这样，才能促使学生真正理解和掌握物理知识，并在此过程中逐步提高学生分析和解决物理问题的能力。

（三）以概念和规律为中心

物理教学必须特别重视物理概念和规律的教学，并使之成为教学的中心之一。保证学生有效掌握物理学科基本结构的核心，重视和加强物理概念与规律的教学是有效手段之一。学生理解和掌握了物理学科的基本结构，有助于学生对物理学知识有一个全方位的了解，并且有助于学生知识结构的系统化。

由于物理概念和规律注重学生抽象思维的发展，因此，它也有助于提高学生的综合素质。

（四）以辩证唯物主义为指导思想

辩证唯物主义思想作为一种科学严谨的哲学思想，贯穿物理教学的整个过程。物理思维的方式和进程以及人们科学世界观的形成和发展都受到辩证唯物主义思想的影响和制约。从各个方面来考虑，物理教学过程都必须以辩证唯物主义思想为指导，揭示和阐述物理概念、物理规律的内涵。只有这样，辩证唯物主义思想才能在长期的教学过程中潜移默化地影响和熏陶学生，使其拥有正确的世界观和方法论。在长期的物理学习过程中，学生既学习了物理的基本知识，也自然而然地养成了辩证唯物主义的思想和观点。

（五）发展学生的情感、态度、价值观

物理教师不仅要向学生传授人类已有的文化和知识，还要在教学过程中培养学生的思维能力、想象力和创新能力等，更要在教学过程中渗透情感教育，磨炼学生的意志，陶冶学生的情操，提高学生的人文素养，促进学生身心健康发展。教师在教学过程中关注的是全体学生，但学生之间会有个体的差异，因此要求教师利用情感的渗透，了解每一个学生在学习和成长过程中遇到的特殊问题，关注每一个学生思想、情感和道德品质的形成过程，让学生形成正确的态度以及正确的世界观、人生观和价值观。

（六）注重培养学生对社会的责任感

物理学是自然基础科学中的重要的基础学科，它渗透各个自然学科，在人类的发展历程中起着重要的推动作用。物理教师要帮助学生了

解物理学在科学技术发展以及人类社会发展中的重要作用，引导学生关注科学技术的发展给社会带来的积极影响和负面影响，增强学生的社会责任感和历史使命感，使学生尊重科学发展的客观规律，树立正确的价值观。

基于上面的论述，在中学物理教学的过程中，教师应选取大量的物理科学发展对社会进步及影响的实际例子，丰富课堂教学内容，使学生对物理科学对社会的影响有一个更加直观的印象。当然，教师不可能将数量庞大的信息在有限的时间内提供给学生，因此许多内容可以精选、精讲，有的知识可以点到为止，鼓励学生通过阅读教科书和补充材料，收集各种形式的信息，通过调查研究等方式进行学习。

课堂教学活动和社会实践相结合的方式也是值得大力提倡的。物理教学不应局限于课堂教学和书本知识的学习，而应通过多种形式与课内外、校内外活动紧密结合，让学生广泛接触社会和生活，让书本知识联系实际生活，甚至服务生活，从而激发和保持学生的学习兴趣。

第三节　中学物理教学的方法与原则

一、物理教学方法

教学方法是为实现既定的教学任务，师生共同活动的方式、手段、办法的总称。它具有服务性、多边性、有序性三个主要特征。教学方法是教学过程中一个十分活跃的关键因素。对于完成教学任务、实现教学目的起着决定性的作用。在物理教学过程中只有正确地选择、恰当地运用教学方法，才能取得良好的教学效果。

（一）物理课堂教学导入、展开与总结的基本方法

1. 课堂导入

课堂导入是指在课堂教学开始时，教师引导学生进入学习状态的行

为方式。成功的课堂导入能集中学生的注意力，引起学生的学习兴趣，起到承上启下、开宗明义，把学生带入物理情境，调动学生积极性的作用，能为教师完成教学任务创造条件。导入环节所选的材料要紧扣课题，并且是学生熟悉的，即与教学内容和学生实际相适应。教师可以将生活中趣味新奇的事例、有关的热点问题导入新课，让学生产生强烈的探究心理和学习兴趣。需要注意的是，导入环节要能启发学生发现问题，促进学生积极主动地思考。

实际教学中，中学物理教师常采用以下方法进行课堂导入。

（1）直接导入法。直接导入法是教师直接说出本节课教学内容的导入方法。该方法操作简单，但取得的教学效果一般。因为学生对新课内容是陌生的，这种方法既联系不了前概念，又无法引起知识的迁移，更激不起学生的学习兴趣。

（2）资料导入法。资料导入法是指教师利用各种资料（如物理学史料、科学家轶事、故事等），根据本节课的教学内容，通过巧妙的编排来导入新课内容的导入方法。例如，教师可以用生动的故事将学生的无意注意转化为有意注意，让学生的思维顺着故事情节进入学习物理的轨道。

（3）问题导入法。问题导入法是指教师针对所要讲的内容结合生活实际或学生已有的物理知识，设计一些能引起学生兴趣的问题来导入新课的导入方法。

（4）实验导入法。实验导入法是一种通过实验和观察来导入课堂教学内容的方法。教师通过演示实验，可以直观地展示某个现象或原理，从而激发学生的学习兴趣，帮助学生更好地理解和掌握实验原理和基本概念。

（5）复习导入法。复习导入即教师通过对已学知识的复习，引导学生进入新课的学习。通过复习，找出新、旧知识的关联点，然后提出新课题，让学生的思维向更深的层次展开。复习导入方法有利于降低学生接受新知识的难度。

此外，教师还可采用类比导入法、猜想导入法等方法。在倡导探究式学习的今天，"导入"阶段与"展开"阶段之间，是学生对提出的问题进行尝试性的判断或解答的过程，即"猜想与假设"。有经验的物理教师常常利用学生积极提出的"猜想和假设"，很自然地过渡到课堂教学内容。

2. 课堂展开

当教师带着饱满的感情，用一些具体材料提出本节课要解决的物理问题后，教师把学生带入一种物理学习情境，学生急切想知其所以然，课堂便充满了生机和活力。这时，课堂教学就转入了分析问题、解决问题的中心环节。

物理教师的工作是考虑如何展开物理问题，即把已经由物理学家建立起来的理论体系，按照一定的方式向学生展开，使学生能更好地接受。对物理问题的展开有实验展开和逻辑展开两种方式。实验展开按照"问题—实验—观察—原理—运用"的步骤，以实验为主要手段，创设与物理问题对应的物理情境。逻辑展开运用按照"问题—结构—原理—结构—运用"的步骤，突出逻辑结构的分析，由物理问题引向知识的建构。

凡是能用实验展开的物理问题，都应尽可能采用实验展开，让学生通过对物理知识的物化和活化，求得感知。但诸如速度概念、能的概念的教学，难以进行物化或活化，采用逻辑方式展开更为有效。

对物理问题展开的过程中，常用的方式有说明、论证和反驳。

（1）说明。把物理事物的性质、功能、关系、种类等试图解释清楚的表达方式就是说明。一些用实验或逻辑方式得到的概念，不是用一句简短的话就能定义的，这时就需要释义；一些十分抽象的概念，为使学生头脑中形成具体、鲜明、深刻的印象，就要举例说明；在叙述物理现象、事实和原理时，为求形象、直观、生动、活泼，增加一些合理的修饰成分，这就是描述；为使深奥的道理浅显易懂，可利用贴切的比喻；为揭示易混概念之间的本质差异，以帮助学生建立起清晰、准确的概念，可运用比较、释义、举例、描述、比喻等方法。以上这些都是物理教师在开展课堂教学时常用的说明方式。

（2）论证。论证是指从一些判断的真实性推断出另一些判断真实性的语言表达过程。例如：用实验呈现的某物理现象或事实，要通过它们寻求规律，至少需简单枚举归纳推理才能总结出来；有些物理规律需从已知的原理、定律运用演绎方法推出；为了给抽象的物理事实提供一个类似的比较形象直观的模型，从而实现知识的迁移，常使用类比推理。归纳、演绎、类比等方法都是物理教师开展课堂教学时常用的论证方式。

（3）反驳。确立某个论题虚假性的论证即为反驳。例如：学习"牛顿第一定律"时就要反驳亚里士多德的错误观点；讲评试卷和练习结果时，也常常需要反驳各种错误的答案。为了使反驳有说服力，要求立论明确，论据真实、充足，正确运用推理形式。可见，教师要想顺利开展课堂教学，必须掌握一些逻辑思维方法。物理教师的课堂教学应当尽可能地发挥学生的主体作用。例如：以实验方式展开课堂教学时，教师引导学生设计出能够研究所提出的物理问题的实验，然后让学生根据自己的设计做实验，进而归纳总结，得出结论；而以逻辑方式展开课堂教学时，教师以问题开头，引发学生积极思维，进而通过问题促进学生思维向纵深发展，最后使学生形成新的物理认知结构。这样的课堂开展方式能促进学生积极参与课堂教学过程，从而使学生在观察实验、思维判断等方面都能有所发展。

3．课堂总结

教师应对物理课堂中每一个问题的讨论结果都有一个总结，这样能使教学内容条理化、系统化，使学生获得清晰而深刻的印象，并强化记忆；此外，教师还能适当拓展知识，促使学生的思维向纵深发展，使学生保持学习的积极性。物理课堂总结的常见方式有首尾照应式、系统归纳式、针对练习式和比较记忆式四种。

（1）首尾照应式。教师可以通过创设问题情境或者在课堂开始前就提出与本节课教学内容相关的问题，用设置悬念的方式导入新课。在该节课结尾时，教师可以引导学生应用所学到的知识，分析并解决上课前提出的问题，消除悬念。这样做，既总结、巩固和应用了本节课所学到的知识，又照应了开头。

（2）系统归纳式。系统归纳式是指教师在课堂活动结尾时，利用简洁准确的语言、文字或图表，将一节课所学的主要内容、知识结构进行总结归纳。这可以准确地抓住知识的内涵和外延，体现纵横关系，有助于学生掌握知识的重点及知识的系统性，有利于学生记忆和利用。这种总结方式比较容易掌握，在实际的物理教学中用得较多；但从形式上看，这种总结方式有些死板，只有在针对知识密集的课题时，才能较好地体现出它的优越性。

（3）针对练习式。教师针对当堂所需巩固、强调的新知识，除精选例题讲解外，又精选练习题让学生在课堂上求解，这就是针对练习式。

（4）比较记忆式。比较是认识事物的重要方法，也是进行识记的有效方法。它可以帮助我们准确地辨别记忆对象，抓住它们的不同特征进行记忆，也可以帮助我们从事物之间的联系上去掌握记忆对象，抓住它们的关系进行系统化记忆。比较记忆式是指教师将本节课讲授的新知识与具有可比性的旧知识加以对比，以此帮助学生加深对所学知识的理解和记忆，拓宽思路，使新旧知识融会贯通，提高知识的迁移能力。

4. 课堂提问与调控

在课堂中，无论在导入阶段、展开阶段，还是总结阶段，教师向学生提出问题，要求学生思考并回答，这就是课堂提问。为保证教学任务的顺利完成，教师要对学生进行带有约束性的管理，这就是课堂调控。

中学生的心理发展尚未成熟，注意力易分散，对时间长、内容单一的活动易产生疲劳和厌烦，难以用意志约束自己，学生这种自控能力尚低的表现，使物理教师的课堂管理调控能力显得格外重要。恰当地提问，不仅可以调动学生的思维，诊断学生遇到的学习障碍，还可以集中学生的注意力，从而更有效地实现课堂教学的管理调控。

教师要做好课堂管理调控，首先要精心设计问题，力求提出的问题能够引起学生的兴趣，使学生产生探究的欲望；力求问题难易适度，能使学生体验成功的喜悦；力求题意明确，不因选词、选句不当引起学生疑惑、误解和猜测。另外，教师还要充分了解学生，在设计问题时，设想学生的可能答案，尤其是错误答案，并且准备好相应的对策。教师应根据课堂情况，把握好提问的时间；提问时应面向全班，不同难度的问题选择不同层次的学生来回答，充分尊重每一个学生，尤其要保护学困生回答问题的积极性。在学生回答问题的过程中，教师应敏锐地捕捉学生不确切的表述，及时纠正学生答案中的错误与思维方法上的缺陷，引导学生正确回答问题；同时，引导学生对答案进行归纳与总结，形成简明的答案。

只有经过精心设计的、切实符合学生心理和认知水平的问题，才能引起学生的兴趣，真正激发起学生的学习积极性。一旦学生的积极主动性被调动起来，那么学生学习物理的有利条件和良好环境也就形成了，这时，学生都能自觉自愿地学习和思考，这也是最有效的教学管理调控。

（二）物理教师的教法

1. 物理教学方法

物理教师可以利用本学科的基本教学方法，根据具体教学情况对其进行选择或综合运用，从而创造出生动活泼的具体教学方法。

（1）讲解法

讲解法是教师运用口头语言进行教学的一种方法。教师通过语言，适当辅以其他教学手段向学生传递知识信息，使学生掌握知识，启发学生思维，发展学生能力。讲解法在中学物理教学中是应用最广泛、最基本的一种教学方法，教学内容越系统，理论性越强，越适合采用讲解法。它既可以描述物理现象，叙述物理事实，解释物理概念，又可以论证原理，阐明规律。

从教师的角度来说，讲解法是一种传授的方法，它能够充分发挥教师的主导作用，使学生在短时间内获得大量的知识信息。但使用这种教学方法时学生比较被动，教师难以照顾个别差异，学生习得的知识不易保持。尽管如此，在当今信息社会里，讲解法仍不失为一种重要的教学方法。

运用讲解法时，教师要以生动、形象、富有感染力和说服力的语言，清晰、明确地揭示问题的要害，引导学生积极开展思维活动。教师讲的内容不仅包括结论性的知识，也包括相应的思维活动方式。教师在讲解知识的同时，也要把自己的教学思路以及提出问题、分析问题和解决问题的过程呈现给学生。学生按照教师给出的思路，对教师讲解的内容进行思考和理解，并从中学到一些研究问题、处理问题的方法。

在物理教学中，教师在运用讲解法时应当做到以下三个方面。

第一，符合学生的认知水平。教师讲解的内容应以优化的序列呈现给学生：在类属学习中，要遵循从一般到个别不断分化的认识路线呈现教学内容；对于总括学习和并列学习，教学内容的呈现则要确保系列化，遵循由浅入深的认识路线。优化的序列反映了知识本身的内在逻辑结构和学生学习过程的思维顺序，它能促进学生快速有效地内化教师呈现的内容。如果教师讲解的内容脱离学生的认知水平，那么学生在已有的认知结构中就找不到适当的、可以同化新知识的观念，从而使新知识不能纳入学生的认知结构，课堂教学便成了学生机械接受、机械记忆的过程。

第二，突出重点。教师讲解的内容不能不分主次、平均用力，教师应善于抓住教材的重点、难点，但重点的突出不能靠简单、机械地重复叙述，而应该巧妙地运用变式，从新的角度、视野进行分析和阐述。

第三，具有启发性。教师讲解的启发性主要体现在促进学生的思维活动、引起学生的学习兴趣和学习动机等方面。为此，教师在讲解时不能平铺直叙、强行灌输，而要不断地提出问题、分析问题、解决问题。疑问是学生开展思维活动的诱发剂和促进剂，它能够充分调动学生的积极性和主动性。

（2）角色扮演法

如果能够让学生以某种角色亲身体验，并通过自己的思维对已有的观念行为进行抉择、判断，就能让学生的个体行为表现和价值观得以外显。角色扮演法正是给学生提供体验真实环境的机会，能够让他们站在特定的角色立场上，将自己的行为态度与价值观和教师所赋予的行为态度与价值观进行比较，从而形成正确的科学态度及价值观。

角色扮演是将物理学的问题转化为与学生生活实际有紧密联系的内容。学生在参与社会决策中，能自觉运用所学的物理知识去分析、判断，从而在扮演、体验和决策的过程中提高自己运用物理知识的能力，同时，学生在科学态度与价值观方面也获得教益。

（3）资料收集与专题讨论法

在现代信息技术飞速发展的大环境下，教学资源极为丰富。除了传统的图书馆资料查询，学生还可以通过上网来搜集与物理学科有关的各种信息资料。教师可告诉学生一些文献资料的基本知识，例如：报道新发现、新创造、新技术、新知识的原始创作称为一次文献；将分散、无组织的一次文献进行加工、简化、压缩、整理而成的目录、文摘、索引等称为二次文献；在利用二次文献的基础上选用一次文献的内容，经过综合、分析而编写出来的文献，称为三次文献。一般从三次文献着手查阅，当从中查到一篇新发表的文献后，可以以文献后边所附的参考文献为线索逐一追踪地进行查阅。

物理课程的新理念包括：从生活走向物理，从物理走向社会；注意学科渗透，关心科学发展；等等。围绕这些理念，教师可以通过专题讨论的方式开展物理课堂教学。专题可以是学生尚未学过的某个物理知识，也可以是其他与物理知识相关的学生感兴趣的内容。

在倡导发展学生自主学习能力和独立探究能力的今天，资料收集与专题讨论法应为广大物理教师所采用。

（4）实验法

实验法是教师通过演示实验或指导学生进行实验的一种教学方式，

包括演示实验、边讲边实验、学生分组实验、课外实验等多种教学形式。实验法主要是学生通过认真观察教师演示或亲自动手所做实验的现象，把实验感知与思维活动紧密结合，从而获得知识，掌握技能，发展智力，提高能力。运用实验法时，教师主要是创造实验条件和环境，指导学生动手操作，引导学生发现问题、解决问题。在教学过程中，学生在教师的指导下，亲自操作，对实验现象进行观察、记录、分析、归纳，最后得出结论。

实验法直观性强，物理现象在学生头脑中形成的表象生动，对学生理解物理概念和物理规律具有十分重要的促进作用，并且能够激发学生学习物理的兴趣与动机。实验法在激发学生学习物理的兴趣，培养学生的观察能力、实验操作技能，帮助学生养成勤于动手、善于思考的良好习惯以及严谨的科学态度和实事求是的工作作风方面具有其他方法不可替代的作用。

（5）调查法

中学生已初步具有一定的社会活动能力，教师可以组织他们到工矿企业、科研机构、展览馆、商店、社区等地方去参观、访问，并就一些能够使学生在物理知识与技能、过程与方法、情感态度与价值观这几个方面获得教益的问题或现象展开调查。教师要指导学生制订调查计划，使学生在调查对象、内容结果处理等方面形成可操作的具体计划；在实施调查的过程中，要帮助学生完善调查报告；教师在审阅调查报告的基础上，要对学生在调查中所表现出的思维方法和能力进行评定和总结，帮助学生将调查中的感性认识上升到理性认识，最终理解和掌握物理学知识，增强学生的社会意识和社会责任感。

（6）读书指导法

读书指导法是教师指导学生通过阅读教科书和其他书籍获取知识、发展智能的教学方法。此种方法有利于培养学生的自学能力和习惯，有利于教师从学生的实际出发进行个别指导和因材施教。但这种教学方法也具有一定的局限性：适用于难度较小的章节或段落，不利于培养学生的观察、想象、操作等能力，限制了师生的情感交流与认知上的及时反馈。

2. 中学物理教学方法的选择

教学的成败在很大程度上取决于教师能否妥善地选择教学方法。教师对教学方法的选择不能单凭主观意向，而要遵循一定的客观依据。

（1）依据具体的教学目标

教学方法是指在教育教学过程中，教师为达到预定的教学目标而采用的特定的教学手段、策略和方法。从教学方法的概念可以看出，教学方法与教学目标是统一的，教学目标是教学方法的归宿。因此，明确具体的教学目标是选择教学方法的基本前提，对教学方法的选择必须围绕着具体的教学目标来进行。例如：教学目标是使学生掌握知识，则教师可选择讲授法开展课堂教学；教学目标是使学生形成技能，则教师可选择实验法开展课堂教学；教学目标是培养学生探究能力，则教师可选择探究法开展课堂教学。

（2）依据教学内容的特点

中学物理教学方法的选择，在很大程度上取决于教学内容的特点。例如：对于系统性强、理论性强、教学时间紧的教学内容，教师可选用讲授法；对于实践性强的内容，教师可选用实验法；由已学知识推理而来的知识或学生在理解和应用上易错的知识的教学可采用问题讨论法；由实验建立的物理规律的教学可采用实验探究法。

（3）依据学生的实际情况

教师对教学方法的选择应考虑学生的心理特征。中学生以形象思维为主，教师宜更多地选用实验法和探究法；同时，在课堂教学中，教师应注意多种教学方法的交替使用，以保持学生的兴趣和注意力。

教师在选择教学方法时，还要考虑学生的已有经验和能力基础。例如：对于某些教学内容，如果学生已有充分的感性认识，教师只需通过一般的讲授就可使学生理解；如果学生缺乏感性经验，教师就要注意结合直观演示的方式进行教学。

（4）依据教师自身的素质

教师的素质在教学活动中主要表现在语言表达能力、思维品质、教学技能、个性与特长、教学艺术与风格特征、教学组织与调控能力等方面。教师自身的素质也是影响教学方法选择的重要因素。如果某项教学内容可以用多种教学方法进行教学，教师就可以挑选自己所擅长的教学方法，发挥自己的优势。

（5）依据学校的实际情况

学校的情况包括学校的教学设备条件（如实验器材、多媒体设备、网络、图书馆资料等）、教学空间条件（如实验室、场地等）和教学时间条件。教师在设计、选择教学方法时，要在本校实际情况允许的情况下，最大限度地利用现有条件，使其充分发挥作用。例如：当学校的实验器材充足时，教师就应考虑让学生一人使用一套实验器材进行实验探究；如果教室内配备了多媒体设备，教师就要充分考虑利用 PPT、视频、图片等进行教学。

现在采用的许多教学方法都包含着启发的因素，有利于调动学生学习的主动性、积极性。但是，启发性因素的作用能否得到发挥，在很大程度上取决于教师运用教学方法的指导思想。教师若以启发式思想为指导运用讲解法、角色扮演法、资料收集与专题讨论法、实验法、调查法、读书指导法等教学方法，就能引起学生的学习兴趣，激发学生的求知欲，启发学生独立思考，使学生的学习真正达到举一反三、触类旁通的效果。因此，教师运用教学方法时，要始终坚持以启发式教学思想为指导，充分发挥学生作为学习主体的能动作用。

（三）学生的学法

学生掌握物理知识与技能，完成物理学习任务的心理能动过程，就是学生的学法。学生的学法具有实践性和功效性。好的学习方法的形成要经过学生的反复实践，并在教师指导下不断扩充和完善。行之有效的学习方法可大幅提高学习质量。

1. 阅读与思考

学生在学习物理时需要对教材和有关资料进行阅读，而教材和有关资料上的文字符号往往是一维空间性质的信息，其图示、照片充其量是二维空间（或时空）的信息。现实中的物理研究对象大都是四维的，是三维空间和一维时间紧密相连的客体，而且它们在四维时空里不断发展变化着。学生在阅读时要按照文图叙述的逻辑顺序实现上述转换的逆转换，即将低维信息在头脑中还原成原本存在的高维信息。但是，不是所有的物理知识都能通过上述行为进行活化和物化的，一些通过思维加工的抽象的物理概念及规律，需要学生经历同样的思维过程才能领悟其中的丰富内涵。因此，阅读与思考在物理学习中十分重要。

物理成绩好的学生，能够比较全面地领会物理课本中的内容，另外，他们还喜欢读物理方面的课外书。由于经常关注，他们知道从什么地方能快捷、准确地找到自己需要的资料。面对众多类似的乃至书名相同的读物，他们通过浏览书名、作者、出版者、前言和书中的目录，能大体知道该书研究些什么、采用什么研究方法、是否适合自己阅读，然后进行取舍；他们还会将阅读获得的新知识与原有的旧知识进行比较，弄清它们之间的关系，从而加深理解；他们还会通过实际应用检查学习效果，必要时还要重新阅读。

2. 观察和实验

物理学是一门实践性很强的学科，其知识体系主要源于对物理对象的观察与实验。即使是抽象思维总结的内容，最终也须经受观察与实验等实践的检验，方能上升为物理理论。因此，观察与实验是物理学习与研究中非常重要的方法。

需要注意的是，并非所有的物理现象及规律都可以通过观察进行探究。由于许多物理现象的发生和变化是与周围环境互相作用、互相影响的，要探究其物理对象的功能和属性，必须经过人为控制条件下的实验才可以。实验可以活化和物化研究对象，可以创设问题情境，可以渗透物理思想和科学研究方法，可以培养学生的动手操作能力、观察思维能力，甚至锻炼其意志品质。

因此，不重视实验的学生难以学好物理。正是由于勤于动手，物理学习优秀的学生在实验操作上才能显得熟练而从容。他们能比别人赢得更多的时间去思考如何确定实验目的，如何明确操作要求和步骤，如何表述实验原理，如何选择测量的方法及测量用的仪器设备，如何发现、分析和处理实验中出现的误差，如何应对可能出现的意外情况，等等。

3. 合作与交流

为了更好地完成知识的建构，学生有必要与别人讨论、协商、合作、竞争，进行多方面的接触，以使自己的认识更加准确、更加全面。物理成绩好的学生，无论是分组讨论或是分组实验，只要在认知上与同学发生碰撞，其表现总是特别活跃，能大胆发表自己的看法，认真倾听别人的意见，既坚持原则又尊重他人。学生要乐于分享自己的学习方法，帮助其他学生解决物理学习中遇到的问题，因为在解答同学提出的疑难问题的同时，自己的学习水平也会得到提高。

二、物理教学原则

（一）突出学生的主体性或主动性原则

依据国际科学教育和物理课程改革的趋势，以及国内物理课程的现状和基础教育课程改革的指导思想，专项物理教学应以提高学生的科学素养为主旨，重视科学、技术与社会的相互联系；倡导以科学探究为主的多样化的学习方式；强化评价的诊断激励与发展功能。

让学生有更多的机会主动地体验探究过程，在知识的形成、联系、应用过程中养成科学的态度，获得科学的方法，在"做科学"的探究实践中逐步形成终身学习的意识和能力。根据以上要求，教学中要突出学生的主体性和主动性。

教育的根本目的是育人，对象是学生，因此要以学生为本，一切为了学生，为了学生的一切，创造适合学生的教育，而不是选拔适合教育的学生，在整个教育教学中要贯彻"以教师为主导，以学生为主体，以培养学生的创新精神和全面发展为主线"的思想。

素质教育的内容之一是促使学生主动地发展，生动活泼地发展，让学生主动学习，只有促使学生积极主动地参与教学过程，才能使教学更好地促进学生的智力发展。学生是学习活动的主人，学生的积极学习是成功学习的基础，只有学生主动学习、主动认知、主动获取教学内容、主动吸收人类积累的精神财富，他们才能认识世界，从而促进自身的发展。教学是由教和学相互联动、有机结合而组成的，学生是参与者，教师应设计教学的环境，组织并吸引学生积极主动地参与教学过程，而不是我讲你听，我问你答。从眼前看，学生讲五分钟，可能不如教师讲五分钟的效果好，但要看长远一些，要考虑若干年后的效果，因此，课堂教学改革的根本任务是转弊为利，要按照现代教学运行机制，变换传统的班级授课制组织形式，减少教师在课堂上的讲授时间，调动学生参与教学的积极性，发挥学生自主探究的能动性，使课堂教学焕发生机。实现教学形式的转变，一要最大限度地减少教师的讲授；二要最大限度地满足学生自主发展的需要；三要尽可能做到学生在"活动"中学习，在"主动"中发展，在"合作"中增加，在"探究"中创新。要充分体现学生的自主性：规律让学生自主发现，方法让学生自主寻找，思路让学生自主探究，问题让学生自主解决。

（二）激发兴趣和培养自信原则

"兴趣是最好的老师。"从心理学角度来看，学生对某种事物的认识与实践的倾向性心理特征就表现为兴趣。兴趣的产生和学生的认知活动密切相关，同时也伴随愉悦的情感体验，这种倾向性的心理特征一旦长期稳定存在，就会成为取之不尽的原动力。

教育心理学认为，决定学生学习兴趣的内在机制有两个方面：一是学生所从事的学习价值有多大；二是学生在学习活动中成功的把握有多大。同时还要注重培养学生的自信心，自信心的获得是学生对自身主体性认识的重要表现。在学习实践活动中，让学生不断接受肯定性的反馈与激励，学生就会表现出较强的自我意识，对自身做出积极的认识和评价，在学习中采取积极主动的态度，发挥主体的能动作用。教师在教学中对学生学习中的言与行要多给予肯定，积极引导，要以质见长，以智取胜，坚持以赞扬为主，及时肯定微小进步，让学生感受成功的喜悦，通过一次次小的成功奠定学生自信心的基础，让他们对自己、对明天充满信心，因为充满信心是创新的基础。

（三）注重探究原则

所谓探究，就其本义来说，是探讨和研究。探讨就是探求学问、探求真理和探本求源；研究就是研讨问题，追根求源和多方寻求答案，解决疑问。现在我们常说教学要创新，怎么创新？许多人感到迷茫。其实，创新就在我们身边，创新就在一个个探究实践活动中，用理论去指导实践，在实践的基础上再总结出新的理论，推动事业不断向前发展，这就是我们所讲的创新活动，这就是我们提倡的探究式教学。教师要注重引导学生主动发现和提出问题，并积极探究解决问题的途径与方法。

在探究教学中，要重视对学生进行科学方法教育。进行教学法指导，教师要把握三点：一是真正知道学生需要什么；二要知道怎么做能使学生探究的问题达到"最近发展区"；三要知道教学法指导的根本目的是使学生愿学、乐学、会学、善学。教师要深入研究教材，提炼教学内容中的某些方法要素，并在教学设计中予以渗透，让学生在探究活动中体验科学方法的运用，如对物理现象进行分类或提出有关的假设、设计实验和控制实验条件进行探究等。

学生的知识背景不同，思考问题的方式也可能不同，他们对同一个问题的认识角度和认识水平也存在差异。学生可以对知识产生发展的过程进行探究；也可以在新旧知识的联结点上进行探究；还可以在事物的求新、求异、求变上进行探究。总之，对知识的理解程度不同会引发探究，对问题的思维方式不同也会导致不同的探究。值得注意的是，学生对知识的探究并不像科学家探究那样要发明创造些什么，学生的探究是在教师的激励、启发和诱导之下，运用科学的方法去探究他们暂时还未理解和掌握的知识。学生探究遵循的规律是从不知道到知道，从知之不多到知之甚多，从学会知识到会学知识和会用知识，再把知识转化为能力。学生探究知识的过程，就是学生利用原有知识经验，去解决教材中包含的未知因素，通过"学、思、疑、问、探"等多种方式，去挖掘自己的内在潜力，既获得新知，又增长能力。在探究教学中教师要有目的地组织学生相互交流和讨论，这样既有利于培养学生交流与合作的能力，也有利于发展学生的评价能力。要提倡以小组为单位的探究活动，如分组完成"调查家庭金属废弃物的种类，讨论回收的价值和可能性"等课题。在探究实践中，教师应高度关注情感态度与价值观方面的课程目标的落实。

（四）培养学生的问题意识原则

物理课程中的科学探究，是学生积极主动地获取物理知识、认识和解决物理问题的重要实践活动。它涉及提出问题、猜想与假设、制订计划、进行实验、收集证据、解释与结论、反思与评价、表达与交流等要素。学生通过亲身经历和体验科学探究活动，激发物理学习的兴趣，增进对科学的情感，理解科学的本质，学习科学探究的方法，初步形成科学探究能力。

科学探究是一种重要的学习方式，对发展学生的科学素养具有不可替代的作用。而提出问题是科学探究的基础，因此，要大力培养学生的问题意识。在备课和教学时，教师要站在学生的角度，进行心理换位，模拟学生提问，启发学生。

（五）理论联系实际原则

物理与日常生活的联系非常密切，学习物理就是为了综合运用物理知识，全面解决实际问题。教学中要突出理论联系实际原则，培养学生学以致用的能力。因此，这就要求教师不仅要系统地传授物理知识，而且还要适时地引导学生关心社会、了解社会，并学会尝试根据自己所掌握的物理知识解决社会中与物理有关的问题，使其在科学的探究过程中培养兴趣，发展智力，提高观察能力、分析能力、独立思考及解决问题的能力，同时学会科学的学习方法和科学的思维方法。

教师要注意从学生熟悉的日常现象入手，引导他们发现问题、展开探究以获得有关的知识和经验；要紧密结合学生的生活实际，使他们感受身边物理变化，提高学生的学习兴趣，加深他们对物理知识在实际生活中应用的认识。对于与学生生活实际紧密联系的物质及其变化现象，教师要注意在教学中寻找新的视角和切入点，使学生形成新的认识。

（六）重视物理实验原则

物理实验是进行科学探究的重要方式，学生具备基本的物理实验能力是学习物理和进行探究活动的基础和保证。

物理是一门以实验为基础的自然科学，实验是物理赖以生存和发展的基础，是物理的灵魂。要改变重理论轻实验、重结论轻过程的现象，要着重培养学生的物理科学素质及各种能力，就应把重点放在实验功能的开发上。有学者把实验的功能精辟地概括为十个字：获知（获取物理知识和技能）；激趣（激发学生学习物理的兴趣和科学探索精神）；求真（培养学生勇于探索、实事求是的科学品质以及"实践出真知""实践是检验真理的唯一标准"的科学精神和科学态度）；循理（训练学生研究应用物理知识与物理技能的方法、规律和思维）；育德（养成诚实、严谨、合作、谦逊、刻苦等科学品质和科学态度）。在教学中，演示实验要鲜明、生动，具有真实性，要能激发学生学习的兴趣和培养学生观察能力，要通过实验巧妙地创设问题情境，有的放矢地设置疑问，让学生带着问题去观察、思考。要尽可能地把演示实验改为在教师指导下的探索性实验，以培养学生认识事物、掌握知识的能力。

（七）创设问题情境原则

"可供选择的学习情境素材"包括与学习内容相关的各种背景资料，如物理史料、日常生活中生动的自然现象和物理史实、物理科学与技术发展及应用的重大成就、物理对社会发展影响的事件等。这些素材旨在帮助教师理解课程目标，教师可在相关主题的教学中利用这些素材来创设学习情境，充分调动学生学习的主动性和积极性，帮助学生理解学习内容，体验物理与技术、社会的紧密联系，引导学生认识物理在促进社会可持续发展中的作用。创设学习情境可以增强学习的针对性，有利于发挥情感在教学中的作用，激发学生的兴趣，使学习更为有效。在创设学习情境时，应力求真实、生动、直观而又富于启迪性。演示实验、物理问题、小故事、科学史实、新闻报道、实物、图片、模型和影像资料等，都可以用于创设学习情境。

在教学中，教师要善于引导学生从真实的情境中发现问题，并有针对性地展开讨论，提出解决问题的思路，使学生的认识逐步得到发展。如组织学生试验活性炭和明矾的净水作用，观看硬水对人们生活的影响的录像等，都可以为学生学习有关的知识打下良好的基础。

（八）有序性原则

有序性原则是指教学活动要按照学科的逻辑结构和学生身心发展规律，有次序、有步骤地进行，从而帮助学生有效地掌握系统的知识，促进学生身心健康发展。

有序原则在教学中的应用体现在中学物理课程标准和教科书的具体内容上。它要求课程标准和教科书的内容必须保持最合理的体系和结构，要依据学科的逻辑顺序和学生不同年龄阶段发展的顺序特点编写。教科书的每一部分都要有逻辑性，后面内容应建立在前面内容的基础上来进行。

教师在把书本内容具体化为适合教学活动的教学内容时，应把学科结构改造成适合某一学习阶段学生能普遍接受和理解的形式，使其范围、深度、进度能同自己教学对象的实际水平相适应。

在教学中，贯彻有序性原则，应遵循以下三个方面的要求。

第一，教学过程的有序性。有序性原则要体现在拟定教学进度计划、安排阶段总结、组织课外学习活动等过程中，但最重要的还是要抓好课堂教学秩序。一般来说，课堂教学要遵循一定的教学秩序，但教师又不能把课堂教学基本阶段的某种顺序绝对化，应要根据教科书的特点、学生的认识水平和学习程度、教学的物质基础条件来安排讲课顺序。在教学过程中；教师要善于把教科书的内容化难为易、化繁为简，坚持由近及远、由已知到未知、深入浅出地讲授，使学生顺利地掌握课堂教学知识。

第二，教学内容的有序性。教师必须掌握好教学内容体系，掌握知识与知识之间的衔接关系，并把它很好地反映在教学设计中，力求使新教材与学生已有的知识密切联系起来，逐步丰富学生的知识体系。但是，在教学实践中，教师必须突出重点和难点。学生真正掌握了教学内容的重点，就能以点带面、举一反三，就可以突破学习障碍。所以，教师应在教科书的重点和难点上多下功夫。

第三，学生学习的有序性。有序性原则既要体现在教师的活动上，也要体现在学生自身的学习中。学生的学习是一个循序渐进的过程，学生在学习过程中，要学会合理地规划学习活动，在掌握当前所学知识后，再进入下一阶段的学习。这样，学生才能顺利地掌握系统的知识和技能。

第二章　中学物理实验教学基础

第一节　实验教学的地位、作用和类型

一、物理实验教学的地位和作用

许多物理知识是在观察和实验的基础上，认真总结和思考得来的。实验教学是物理教学中一个必不可少，而且是相当重要的环节。

《义务教育物理课程标准》（2022 年版）（以下简称《课标》）的基本理念主要概括为：面向全体学生，培养学生核心素养；从生活走向物理，从物理走向社会；以主题为线索，构建课程结构；注重科学探究，倡导教学方式多样化；发挥评价的育人功能，促进学生核心素养发展。

（一）实验教学能激发和培养学生学习物理的兴趣

兴趣是产生动机的重要条件，是人类认识客观世界的一种心理表现，是一个人获得知识、开阔视野、推动学习的一种内部强劲的动力。通过实验，为学生展现出生动直观的学习环境，将极大地吸引学生的注意力，激发学生的兴趣和求知欲。

（二）实验教学能使学生有效地掌握物理基础知识

物理概念的形成和规律的建立，离不开实验事实的探讨和验证，而物理实验能够创造确实的、排除干扰的物理环境，学生在这种实验环境中，在教师的指导下，通过观察、量度获取的最典型的感性认识，通过最快捷的思维活动建立概念、总结规律，并把理论运用于实验，这对中

学生来说，可对基础知识获得比较深入的、牢固的掌握，并初步学会运用。

（三）实验教学有助于培养学生的观察能力和实验能力

观察和实验是研究物理问题的基本方法，学生通过理解实验原理、操作实验仪器、观察实验现象和分析实验结果等活动使观察能力、思维能力、操作技能都得到逐步锻炼和提高。在实验中，要进行正确的思维活动，学生必须认真观察，更要深入地观察，又必须有正确的思维作指导，同时，合理的动手操作也必须有思维的引导，而在正确的思维引导下的动手操作往往是创造发明的源泉。

（四）实验教学有助于训练学生的科学方法

实验是一种基本的科学思维方法，而科学的思维方法是科学素质的核心。在实验教学中，根据中学生的实际水平，有意识地指导学生从接触物理学科开始，逐步让学生理解和熟悉实验这一科学方法。

1. 实验归纳法

这是一种由个别到一般的认识方法，根据研究目的，人为控制条件，从大量的实验事实和数据中找出普遍特征，形成规律。

实验归纳法是物理教学中常用的方法，其特点是实验在前，结论在后，其实验就形成探究性实验。中学物理中的实验以探究性实验为主，如凸透镜的成像规律、密度、重力、弹力、摩擦力、串联与并联、欧姆定律等教学中，通过教师演示实验探究，或学生实验探究，采集数据，然后分析归纳总结得出规律，得出结论。

2. 实验验证法

这是一种推理、判断在前，实验验证在后的科学研究方法。通过已知的物理知识及推论，经过理论推理，做出假设和预言性结论，再通过实验验证其正确性，最后对结论做出肯定论断或进一步补充完善，得出可靠的结论。

3. 理想实验法

理想实验是人们头脑中想象的实验，是在已有实验基础上经过推理、判断得出理想条件下的物理规律的方法。例如，伽利略在研究物体惯性时进行了无摩擦理想斜面实验，牛顿在理想斜面实验的基础上，进行分析推理总结出牛顿第一定律。理想实验，既以真实实验为基础，又高于真实实验，能深刻地反映现象的本质，揭示事物的内在规律。

（五）实验教学能培养学生的科学态度和科学作风

科学的实验方法，本身就是要求具有实事求是的态度。在实验教学中要严格要求学生，尊重事实，忠于实验数据，反对弄虚作假，应严肃认真、踏踏实实，逐步养成按科学规律办事的科学态度和科学作风。

二、中学物理学生实验的类型

（一）测量型实验

测量型实验包括用刻度尺测长度，用量筒测固体、液体的体积，用天平测固体、液体的质量，用温度计测水的温度，用弹簧测力计测量力，用电流表测电流，用电压表测电压，用刻度尺和秒表测平均速度，用天平和量筒测固体和液体的密度，用弹簧测力计和刻度尺，测滑轮组的机械效率，用电流表和电压表测电阻，用电流表和电压表测小灯泡的功率，等等。

（二）探究型实验

通过一些实验现象，提出问题，运用研究物理问题的方法进行实验设计，选取适当器材，规范地进行物理实验操作，记录并分析实验数据，探索并总结物理规律。包括探究固体的熔化过程、探究水的沸腾、探究碘的升华和凝华过程、探究光的反射定律、探究平面镜成像特点、探究光的折射规律、探究凸透镜成像的规律、探究重力与质量的关系、探究影响摩擦力大小的因素、探究同一直线上二力合成的规律、探究液体内部压强的规律、探究杠杆的平衡条件、探究影响电阻大小的因素、探究电流与电压、电阻的关系、探究影响电磁铁磁性强弱的因素，等等。

（三）关于学生分组实验的教学

学生分组实验是学生在教师的指导下，独立进行观察、操作和思考的实践活动。它是学生获得知识、训练技能、培养良好素养的重要教学形式。因此为了搞好分组实验教学，首先必须培养学生良好的实验素养及习惯。中学生的年龄小，自制力不强，又没有实验基础。有的甚至认为实验只是游戏，学生实验较难组织，效果也不理想。因此一开始就应要求学生做到以下几点。

一是实验前必须完成预习内容。实验预习是保证学生进行正确操作并获得正确结果的前提。通过实验前的预习，学生对实验原理、方法、步骤及仪器的使用有了正确的认识，在实验过程中才会做到心中有数、目的明确，从而提高实验的质量。

二是实验分组合理，学生平均搭配，取长补短，协助分工。在实验过程中教师要巡回指导，发现问题及时纠正。对于好的做法要及时肯定表扬，对于典型的实验错误可与全班同学一起讨论分析，要让实验课始终处在探索、讨论的氛围中。

三是实验完毕应要求学生整理好器材，及时处理实验数据并填写好实验报告。实验数据的处理是学生实验操作后的一个重要步骤，学生对所测数据进行分析、处理，得出合理的结论，从而培养学生分析解决问题的能力。通过实验发现，有的学生由于实验测得数据误差太大，得不出正确的实验结论，因而会出现编造数据，或按规律推算数据的现象。发现这些现象则必须加以批评，并要及时帮助他们重新安排实验，从而发现其出现误差过大的原因。实验中应要求学生尊重事实，如实记录，养成实事求是的科学态度。

第二节　物理实验基本仪器的使用

一、长度测量仪器

(一) 游标卡尺的使用

1. 游标卡尺的构造及用途

游标卡尺是一种测量长度、内外径、深度的量具。游标卡尺由主尺和附在主尺上能滑动的游标两部分构成。主尺一般以毫米为单位，而游标上则有 10、20 或 50 个分格，根据分格的不同，游标卡尺可分为 10 分度游标卡尺、20 分度游标卡尺、50 分度游标卡尺等。游标卡尺的主尺和游标上有两副活动量爪，分别是内测量爪和外测量爪，内测量爪通常用来测量内径，外测量爪通常用来测量长度和外径。

2. 游标卡尺的分类

游标卡尺一般分为 10 分度、20 分度和 50 分度三种，10 分度的游标卡尺可精确到 0.1 毫米，20 分度的游标卡尺可精确到 0.05 毫米，50 分度的游标卡尺可精确到 0.02 毫米。

3. 游标卡尺的刻度原理及读数方法

(1) 10 分度游标卡尺的刻度原理及读数方法

刻度原理：主尺的刻度每格为 1 毫米，取主尺上的 9 毫米分成 10 等分刻成副尺，副尺每格长度为 0.9 毫米，那么主尺与副尺每格长度相差为 0.1 毫米，当主副尺零刻线对齐时，主尺与游标的第一条刻度线间的距离为 0.1 毫米。

读数方法：①从游标尺的零刻度线对准的主尺位置，读出主尺毫米刻度值（取整毫米为整数）；②找出游标尺的第几（n）条刻线和主尺上某一刻线对齐，则游标读数为 n×精度（精度由游标尺的分度决定）；③总测量长度为精度。

（2）20 分度游标卡尺的刻度原理

刻度原理：主尺的刻度每格为 1 毫米，取主尺上的 19 毫米分成 20 等分刻成副尺，副尺每格长度为 0.95 毫米，那么主尺与副尺每格长度相差为 0.05 毫米，当主副尺零刻线对齐时，主尺与游标的第一条刻度线间的距离为 0.05 毫米。

（3）50 分度游标卡尺的刻度原理

刻度原理：主尺的刻度每格为 1 毫米，取主尺上的 49 毫米分成 50 等分刻成副尺，副尺每格长度为 0.98 毫米，那么主尺与副尺每格长度相差为 0.02 毫米，当主副尺零刻线对齐时，主尺与游标的第一条刻度线间的距离为 0.02 毫米。

4. 游标卡尺的使用方法

将量爪并拢，查看游标和主尺身的零刻度线是否对齐。如果对齐就可以进行测量；如没有对齐则要记取零误差。游标的零刻度线在尺身零刻度线右侧的叫正零误差，在尺身零刻度线左侧的叫负零误差（这种规定方法与数轴的规定一致，即原点以右为正，原点以左为负）。

测量时，右手拿住尺身，大拇指移动游标，左手拿待测外径（或内径）的物体，使待测物位于外测量爪之间，当其与量爪紧紧相贴时，即可读数。

5. 使用注意事项

游标卡尺是比较精密的量具，使用时应注意如下事项。

（1）使用前，应先擦干净两卡脚测量面，合拢两卡脚，检查副尺线与主尺线是否对齐，若未对齐，应根据原始误差修正测量读数。

（2）测量工件时，卡脚测量面必须与工件的表面平行或垂直，不得歪斜，且用力不能过大，以免卡脚变形或磨损，影响测量精度。

（3）读数时，视线要垂直于尺面，否则测量值不准确。

（4）内侧测量时，测量爪应尽可能深入孔的内部，应平行且完全接触于工件内侧。内径尺寸应量取最大值，槽宽应量取最小值。

（5）卡尺的深度尺，因细小容易弯曲，应小心使用，测量时要保持深度尺垂直于工件测量面。

（6）若欲得精密测量结果，应在同一部位进行多次测量（2～3次），并加以记录，然后取平均值。

（7）游标卡尺用完后，仔细擦净，抹上防护油，平放在盒内，以防生锈或弯曲。

（二）螺旋测微器的使用

1. 螺旋测微器的结构及用途

螺旋测微器（又叫千分尺）是比游标卡尺更精密的测量长度的工具，用它测长度可以准确到 0.01 毫米，测量范围为几厘米，常用于测量细丝和小球的直径以及薄片的厚度等。

2. 螺旋测微器的原理

螺旋测微器是依据螺旋放大的原理制成的，即螺杆在螺母中旋转一周，螺杆便沿着旋转轴线方向前进或后退一个螺距的距离。因此，沿轴线方向移动的微小距离就能用圆周上的读数表示出来。螺旋测微器的精密螺纹的螺距是 0.5 毫米，可动刻度有 50 个等分刻度，可动刻度旋转一周，测微螺杆可前进或后退 0.5 毫米，因此每旋转了一个小分度，相当于测微螺杆前进或后退 0.5/50＝0.01 毫米。可见，可动刻度每一小分度表示 0.01 毫米，所以螺旋测微器可准确到 0.01 毫米。由于还能再估读一位，即可读到毫米的千分位，故又名千分尺。

3. 螺旋测微器的使用

（1）测量

当小砧和测微螺杆并拢时，可动刻度的零点若恰好与固定刻度的零点重合，则旋出测微螺杆，使小砧和测微螺杆的面正好接触待测长度的物体两端，那么测微螺杆向右移动的距离就是所测的长度。

（2）读数方法

读数方法为：①由固定刻度上读整毫米数；②由可动刻度读出格

数，并估读，再乘以 0.01；③待测长度为二者之和。

4. 使用注意事项

（1）测量前应进行零点校准，转动棘轮，使测量轴与砧台刚好接触并听到"咔、咔、咔"三声即停止转动棘轮，读取此时的数值作为零点校准值，要注意零点校准值的正负。

（2）测量时，在测微螺杆快靠近被测物体时应停止使用旋钮，而改用微调旋钮，避免产生过大的压力，这样既可使测量结果精确，又能保护螺旋测微器。

（3）在读数时，要注意固定刻度尺上表示半毫米的刻线是否已经露出。

（4）读数时，千分位要有一位估读数字，即使固定刻度的零点正好与可动刻度的某一刻度线对齐，千分位上也应读取为"0"。

（5）用毕还原仪器时，应将螺杆退回几转，留出空隙，以免热膨胀使螺杆变形。

（三）质量测量工具的使用

质量的测量是物理中的基本测量之一。物理实验中最常用的测量质量的工具是天平。生活中我们在不同的场所还能见到许多测量质量的仪器。

1. 托盘天平的使用步骤

（1）放水平。把天平放在水平台上，用镊子将游码拨到标尺左端的零刻度线处。

（2）调平衡。调节横梁右端的平衡螺母（若指针指在分度盘左侧，应将平衡螺母向右调，反之平衡螺母向左调），使指针指在分度盘中线处或指针在中线处左右摆动的格数相等，此时横梁平衡。

（3）称量。将被测量物体放在左盘，估计被测物体的质量后，用镊子向右盘按由大到小的顺序加减砝码，并用镊子适当移动标尺上的游码，直到横梁恢复平衡。

（4）读数。天平平衡时，左盘被测物体的质量等于右盘中所有砝码的质量加上游码对应的刻度值。

（5）整理。测量结束后，用镊子将砝码夹回砝码盒，并整理器材。

2．使用注意事项

（1）每个天平都有自己的"称量"，也就是它所能称的最大质量。被测物体的质量不能超过称量。

（2）向盘中加减砝码时要用镊子，不能用手接触砝码，不能把砝码弄脏、弄湿。

（3）潮湿的物体和化学药品不能直接放到天平的盘中。

二、物理天平

（一）物理天平的构造及使用

天平的横梁上装有三个刀口，中间刀口安置在支柱顶端的玛瑙刀垫上，作为横梁的支点；两侧刀口上各悬挂一秤盘。横梁下面装有一读数指针。当横梁摆动时，指针尖端就在支柱下方的标尺前摆动。支柱下端的制动旋钮可以使横梁上升或下降，横梁下降时，制动架会把它托住，以保护刀口。横梁两端的两个平衡螺母是天平空载时调平衡所用。每台物理天平都配有一套砝码。因为 1 克以下的砝码太小，用起来很不方便，所以在横梁上附有可以移动的游码。支柱左边的杯托盘可以托住不称衡的物体。

（二）物理天平的操作步骤

1．调水平。调整天平的底脚调平螺丝，使底盘上圆形水准器的气泡处于中心位置（有的天平是使铅锤和底盘上的准钉正对），以保证天平的支柱垂直，刀垫水平。

2．调零点。先观察各部位是否正确，例如，托盘是否挂在刀口上。然后调准零点，即先将游码置于横梁左端零线处，启动天平（即支起横梁），观察指针是否停在中央处（或左右小幅度摆动不超过一分格时是否等偏）。若不平衡，先制动天平，调节平衡螺母，反复数次，调至横梁成水平，制动后待用。

3. 称衡。将待测物体放在左盘，用镊子取微码放在右盘，增减砝码、游码，使天平平衡。

4. 将制动旋钮向左旋动，放下横梁，制动天平，记下砝码和游码读数。把待测物从盘中取出，砝码放回盒中，游码放回零位，最后把秤盘架上的刀垫摘离刀口，将天平完全复原。

（三）物理天平的使用注意事项

1. 天平的负载不能超过其最大称量。

2. 在调节天平、取放物体、取放砝码（包括游码）以及不用天平时，都必须将天平制动，以免损坏刀口。只有在判断天平是否平衡时才能启动天平。天平启动、制动时动作要轻，制动时最好在天平指针接近标尺中线刻度时进行。

3. 待测物体和砝码要放在秤盘正中。砝码不许用手直接拿取，只准用镊子夹取。称量完毕，砝码必须放回盒内一定位置，不得随意乱放。

4. 称衡后，一定要检查横梁是否落下；两秤盘的吊挂是否摘离刀口，挂于横梁刀口内侧；砝码是否按顺序放回原处。

（四）电子秤、电子天平、地磅

电子秤是将现代传感器技术、电子技术和计算机技术一体化的电子称量装置，是利用胡克定律或力的杠杆平衡原理测定物体质量的工具。电子秤主要由承重系统（如秤盘、秤体）、传力转换系统（如杠杆传力系统、传感器）和示值系统（如刻度盘、电子显示仪表）三部分组成。它能满足并解决现实生活中提出的"快速、准确、连续、自动"的称量要求。另外，它还具有累计顾客购买的不同货物金额、累计总金额、去皮等多种功能。电子秤的最大称量30千克，分度值10克，广泛用于多种场所。

电子天平是以电磁力或电磁力矩平衡原理进行称量的天平。其特点是称量准确可靠，显示快速清晰，并且具有自动检测系统、简便的自动校准装置以及超载保护等装置。它的称量范围比较小（一般不超过100克），精确度可以达到0.001克，常用于科学研究和贵重首饰的质量测量。

地磅又称为地中衡，是用以测定车辆重量或车内货物重量的一种固定衡器。它主要由承重传力机构（秤体）、高精度称重传感器、称重显示仪表三大主件组成，多用于仓库和车站。它的称量范围可以达到数十吨，精确度10千克。

随着科学技术的发展，测量质量的工具的种类越来越多，并正朝着智能化、高精度、多功能的方向发展。我们可以根据实际测量的需要选择称量和分度值合适的测量质量的工具。

三、弹簧秤

（一）弹簧秤的原理

弹簧秤又叫弹簧测力计，是一种利用弹簧的形变与外力成正比的关系制成的测量作用力大小的装置。

（二）弹簧秤的种类

弹簧秤分压力和拉力两种类型。压力弹簧秤的托盘承受的压力等于物体的重力，秤盘指针旋转的角度指示所受压力的数值。拉力弹簧秤的下端和一个钩子连在一起，弹簧的上端固定在壳顶的环上。将被测物挂在钩上，弹簧即伸长，而固定在弹簧上的指针随之下降。由于在弹性限度内，弹簧的伸长与所受之外力成正比，因此作用力的大小或物体重力可从弹簧秤指针指示的外壳上的标度数值直接读出。

（三）使用注意事项

1. 在使用时应注意所测的力不要超过弹簧秤的量度范围。

2. 注意弹簧秤上的分度值；检查在弹簧秤未挂物体时指针是否指在零刻度，若不指在零刻度可扭动指针进行修正。

3. 所测力的方向应沿弹簧的轴线方向。

4. 未挂物体前，最好轻轻地来回拉动挂钩几次，防止弹簧指针卡在外壳上。此外还应注意勿使弹簧和指针跟外壳摩擦，以免误差过大。

四、时间测量仪器

（一）机械秒表

1. 机械秒表构造与用途

机械秒表的主要构造有启动、停止按钮，回零按钮，分钟刻度，读取整分钟数（包括半分钟），秒钟刻度，读取秒数。

2. 机械秒表的使用方法

（1）使用秒表前，先检查发条的松紧程度，若发条已经松弛，应旋动秒表上端的按钮上紧发条，但不宜过紧。

（2）测量时，按下按钮，指针开始运动；再按按钮，指针停止运动；再按一次按钮，指针便会回到零点位置。

3. 机械秒表的读数

（1）读出小刻度盘的整分钟数（包括半分钟）。

（2）读出大刻度盘的秒刻度数。

（3）将两个读数统一单位后相加即得最后读数。

4. 机械秒表的使用注意事项

（1）使用前先上紧发条，但不要过紧，以免损坏发条；使用完后应将表开动，使发条完全松开。

（2）按表时不要用力过猛，以防损坏机件。

（3）要特别注意防止摔破秒表，不用时一定将表放在盒中。

（二）电子秒表

电子秒表是一种较先进的电子计时器，目前国产的电子秒表一般都是利用石英振荡器的振荡频率作为时间基准，采用六位液晶数字显示时间。电子秒表的使用功能比机械秒表要多，它不仅能显示分、秒，还能显示时、日、月及星期，并且有 1/100 秒的功能。

（三）打点计时器的使用

1. 打点计时器的种类及构造

打点计时器分为电磁打点计时器和电火花计时器两种。

2. 工作原理

电磁打点计时器是利用电磁感应原理打点计时的一种仪器。当接在 10 伏以下（一般保证在 4 伏以上）的低压交流电源上时，线圈的磁场方向做周期性改变，在线圈和永久磁铁的作用下，振片便上下振动起来，位于振片一端的振针也就跟着上下振动而打点，这时如果纸带运动，振针就在纸带上打出一系列点迹。振片的振动周期与电源的电流变化周期一致，当电源频率为 50 赫兹时，每隔 0.02 秒打一次点，即纸带上每相邻两点间的时间间隔为 0.02 秒。

电火花计时器是利用火花放电在纸带上打出点迹的计时仪器。当接通 220 伏交流电源，按下脉冲输出开关时，计时器发出的脉冲电流经接正极的放电针、墨粉纸盘到接负极的纸盘轴，产生火花放电，于是在运动纸带上就打出一系列点迹。当电源频率为 50 赫兹时，也是每隔 0.02 秒打一次点，即纸带上每相邻两点间的时间间隔也是 0.02 秒。

3. 两种打点计时器的比较

（1）打点方式不同：电磁打点计时器是利用振动的振针打点；电火花计时器是利用火花放电打点。

（2）电源电压不同：电磁打点计时器使用 6 伏以下交流电；电火花计时器使用 220 伏交流电。

（3）电磁打点计时器振针打点时与纸带接触，会对纸带产生阻碍作用；而电火花计时器打点时基本不会阻碍纸带的运动，因此产生的误差较小。

4. 电磁打点计时器的故障及处理

（1）打点计时器响声清脆正常，但不打点，原因是复写纸多次使用被毁坏，更换复写纸即可。

（2）打点计时器发出嗡嗡声，且不打点，原因是电磁打点计时器工作中的振动使弹簧片的螺丝松动，造成弹簧片位置移动。处理方法：松开螺丝，调整弹簧片位置，固紧螺丝。

（3）打点计时器打点但不清楚，打点响声沉闷，原因是弹簧片太短，振幅太小。处理办法：松开螺丝，调长弹簧片，固紧螺丝。

第三节 重难点实验的注意事项和方法

关于学生实验，在"科学内容"的相关主题中已提出了要求。学校应充分利用已有的实验器材，努力开发适合本校情况的实验课程资源，尽可能让学生自己动手多做实验。

为了便于教学与评估，现列出以下学生必做的实验项目。

1．用弹簧测力计测力。

2．用天平测物体的质量。

3．用常见温度计测温度。

4．用刻度尺测长度、用秒表测时间。

5．用电流表测电流。

6．用电压表测电压。

7．测量物体运动的速度。

8．测量水平运动物体所受的滑动摩擦力。

9．测量固体和液体的密度。

10．探究浮力大小与哪些因素有关。

11．探究杠杆的平衡条件。

12．观察水沸腾时温度变化的特点。

13．探究光的反射规律。

14．探究平面镜成像时像与物的关系。

15．探究凸透镜成像的规律。

16．连接简单的串联电路和并联电路。

17. 探究导体电压、电流与电阻的关系。

18. 探究通电螺线管外部磁场的方向。

19. 探究导体在磁场中运动时产生感应电流的条件。

有些实验看起来非常简单，然而在实践中要真正做好却不容易，有的甚至由于演示实验失败而造成尴尬的局面，严重地影响教学效果，必须注意顺利做好实验的关键之处和仔细思考改进实验的方法。

一、静电实验

静电实验是电磁学中的基本实验之一，内容多且复杂。不少中学教师反映该实验不易把握，其实只要充分考虑静电实验的特点，注意一些关键性问题，完成实验是不难的。在静电实验中电量少是它的一个特点，如经过摩擦的玻璃或橡胶棒所带的电量约在 $10\sim7$ 库仑左右。然而这些电荷往往又集结在体积不大的范围内，因此具有很高的电压，可以达到数千伏至数万伏，这是静电实验的第二个特点。因此在静电实验中一经漏电，电荷马上就跑完，因而导致实验的失败，所以解决好绝缘问题是完成静电实验的关键。

验电器是静电实验中用来检验物体是否带电的常用仪器，有些教师在使用时为避免漏电常把它放在绝缘板上，其实这种做法是不能解决问题的。因为即使验电器与周围绝缘，但如果验电器的绝缘塞绝缘性能不好，那么不管给验电器带上多少的电荷，由于其外壳的屏蔽作用，电荷必将全部分布在它的外壳上，其指针当然不会张开，可见绝缘塞的绝缘性能非常重要，若用干燥的泡沫或石蜡做绝缘塞，再用干燥的丝绸或毛皮摩擦有机玻璃棒并让该玻璃棒与验电器的金属球接触，就很容易使验电器带上电，它的指针会张开一个角度并能长时间保持下来。

利用验电器我们很方便地判断在静电实验的条件下哪些是绝缘体哪些是非绝缘体，方法是：用上述的方法使验电器带电，其指针张开一个角度，然后手拿待测物体（如玻璃棒）去与验电器的金属球接触，若验电器的指针张开的角度变小并很快降为零，说明它上面的电荷通过待测物和我们人体跑到了地上，该待测物当然就是非绝缘体了。相反若验电器的指针张开的角度没有明显的减小，那么该待测物就是绝缘体，用这种方法可以很方便地测出石蜡、泡沫、有机玻璃、聚四氟乙烯塑料、聚苯乙烯塑料、聚氟乙烯塑料等绝缘物体的性能；而普通的玻璃棒、橡胶棒、干木棒、电线外层的绝缘层等的绝缘性就较差。从上述的讨论可见，要做静电实验应注意如下两个方面。

（一）选择合适的绝缘材料并保持它们表面的干燥清洁

不仅用绝缘性能好的材料做验电器的绝缘盖及各种绝缘柄，而且要用绝缘性能好的物体来进行摩擦起电，否则电荷将很快跑掉而使实验失败。绝缘材料表面脏了应及时进行处理，否则它的绝缘性能会下降。若遇上湿度特别大的环境，可用红外线灯泡照射或用电吹风吹，使局部出现干燥环境，但应注意不要用火直接去烤，以免由于电离而跑电。

（二）要养成良好的操作习惯

在静电实验中，良好的操作习惯对实验的成败关系重大，故应特别注意，例如在摩擦起电时手拿棒的地方与摩擦的地方应尽可能远离，摩擦时也应尽可能加大力度，带电棒在与验电器金属球接触时要上下移动并转动，使金属球尽可能接近棒上的带电区以便容易放电而收集到更多的电荷。若有导体连线时这些连线应尽可能短并使它们远离桌面或用电器的外壳，绝缘柄在使用前应反复擦干净。

二、绝缘值转化为导体实验

绝缘体转化为导体实验是在向学生介绍了导体和绝缘体的概念后，为了说明导体和绝缘体没有绝对的界限，在一定条件下绝缘体可以变为导体而安排的演示实验。教材中给出了该实验的原理图。要做好这个实验必须正确选择电路的参数（如电源电压，灯泡功率等）并自己动手制作待烧玻璃的电极，以便与电路连接。

（一）待烧玻璃电极的制作

方法一：选取一小段玻璃棒，用直径为 0.2 毫米左右，长约 50 厘米的漆包线两根（分别在其两端刮去约 5 厘米的绝缘层），绕在玻璃棒上并扎紧，所扎导线在玻璃棒上相距约为 2 毫米。未刮去绝缘层部分作为导线，待与电路连接。

方法二：选取一小段内径为 0.5 毫米的玻璃管，直径为 0.5 毫米的漆包线两截，从玻璃管两端分别插入，使两端头相距 1 毫米左右，然后用酒精灯给玻璃加热，使之熔化，把两导线埋于管内，在露在管外的铜线端头分别引出两根导线。

方法三：用废旧白炽灯泡，敲去玻璃泡，利用灯泡固定两个电极的玻璃灯芯作为待烧玻璃，配上一个灯头，从灯头两个接线柱上引出导线。

（二）参数选择分析

1．烧红玻璃的电阻值

玻璃加热后虽然变为导体，但电阻并非为 0，根据实验测定，在红炽状态下电阻约为 300～400 欧姆，若用一般酒精灯加热，受周围环境影响，温度较低时，电阻值为 1000～2000 欧姆。

2．灯泡的选择

灯泡作为绝缘体转化为导体的信号指示，当玻璃为绝缘体时，灯泡不发光，当转化为导体时，应能点亮。若选用实验室中常用的小电珠，其冷态电阻为 1～2 欧姆，额定电流为几百毫安，使其点亮至少要通入 100 毫安电流，选用这种小灯泡是否合适，还与电源电压有关。

3．电源电压的选择

设选用小电珠为实验灯泡，通过电流使其点亮为 200 毫安，若玻璃的电阻为 300 欧姆，则电源电压 $0.2 \times 300 = 60$（伏）。

由以上分析可知，选用小电珠，要使灯泡点亮，需选用较高的电源电压，这样的电源有些中学是不具备的。

（三）实验的改进

电源直接使用 220 伏交流电，灯泡选用 15 瓦或 25 瓦的普通白炽灯泡，用废旧的白炽灯泡敲去玻璃泡，留下其玻璃芯及其电极，配上两个白炽灯灯头和一个电源插头，组成电路。演示时，将电源插头插到电源插座上，把废灯泡灯头架在铁支架上（也可以直接用手拿），点燃酒精灯对玻璃灯芯加热，约1分钟后，白炽灯点亮，且逐步变亮，当移去酒精灯时，灯泡逐渐变暗最后熄灭，可反复多次演示。该实验装置的优点包括：①选用额定电压为220伏的白炽灯，其额定电流较小（如15瓦为70毫安），通入较小电流即可点燃。②采用220伏的交流电，省掉了另外配备电源，同时，由于电压较高，即使玻璃在较低温度下阻值较大，也能给电路通入一定电流（如玻璃电阻为3000欧姆时，灯泡冷电阻为260欧姆，实际上当电流通过玻璃芯时，产生热效应，使玻璃灯芯电阻进一步减少，保证了回路中较大的电流）。③采用白炽灯，不论是亮度还是体积，可见度比小电珠大，增强了演示效果。

三、压缩气体液化

压缩气体液化实验器材简单，操作方便，如果演示成功，对于加深学生对压缩气体发生液化的感性认识有重要的作用，但是相当部分教师反映，该实验很难成功。现就该实验困难的原因作简要分析。

由热学知识可知，装在密闭容器中的液体，随着蒸发过程的进行，蒸汽密度不断增加，返回液体的分子数也不断增多。当在相同的时间内由液体中跑出的分子与返回液体的分子数相等时，宏观蒸发过程停止，蒸汽达到饱和状态，称为饱和蒸汽，对应的压强称为饱和蒸汽压。饱和蒸汽压与温度有关，温度越高，饱和蒸汽压越大，饱和蒸汽的密度与蒸汽压有关，压强越大，密度越大。因此，要使注射器内的液态乙醚全部气化，吸入的液态乙醚质量不能超过注射器最大容积所对应的乙醚饱和蒸汽的质量。若吸入乙醚过多，则乙醚不能全部气化。教材中只提"吸进一些乙醚"，实验者往往把握不好。由于注射器的容积有限，要使乙醚全部液化，只能吸入很少的乙醚。

该实验要取得好的演示效果，还需要解决的另一个问题是可见度。由于乙醚量很少，可见度低，要提高可见度，可借助投影仪采用投影的方法。因为该实验所用的注射器是透明的，乙醚也是透明的，为采用投影创造了很好的条件，但应注意演示前先对投影仪调焦，使液态乙醚影像清晰。

四、萘的熔解和凝固实验的改进

对这个实验进行研究，做如下的改进。

1. 根据萘导热性能差的特点，为了使萘粉在整个实验过程中受热均匀及试管中各部分萘的温度尽可能接近。可用电线中的铜丝剪成一段段长约4～5厘米，每股中间扭开一个空隙，间隔一定的距离绞紧在温度计上。然后把两头的铜丝散开，尽可能均匀地分散在温度计感温泡的底部、周围及温度计感温泡以上约2.5～3厘米处，以利于实验时导热均匀。

2. 用一橡皮塞，中间打一孔，把温度计插入孔中，然后放入小试管中，注意温度计的感温泡离试管底部约1厘米，距试管壁周围距离应相等，并将温度计上的铜丝与试管壁尽可能多地接触，以利于导热。

3. 把萘粉倒入试管中，轻轻抖匀且萘粉高出温度计感温泡2.5厘米左右，然后把橡皮塞移至试管口并塞紧。

4. 把装有萘粉的小试管放入一只大试管中，在大试管的管口处用一泡沫剪成开有一直径与小试管直径大小相等的孔，以便把小试管固定在大试管中，固定时应使小试管底部及周围尽可能保持与大试管内壁等距且不允许触及大试管内壁。

5. 把盛水的小烧杯放在石棉网上，特别注意石棉网应与烧杯底部保持大面积的接触，以便导热良好，缩短实验时间，在水中放置一温度计。

6. 烧杯中水面应高出萘粉面2.5厘米左右为宜。且在烧杯口上用一张纸盖住烧杯口，使其升温快些。为缩短实验时间，可预先把水温烧至80℃左右，并把装有萘粉的两只大小试管装置放入水中预热。

经过改进后的这一实验，效果良好，其优点如下：

1. 利用铜丝导热性能良好、空气导热性能差的特点，在一定程度上改善了萘的受热的均匀性。

2. 无需对萘粉进行搅拌，一人可独立完成整个实验过程，避免了搅拌而带来的器材的损坏。

3. 萘粉密封在细管中，不污染环境，不造成损耗，且可反复多次做实验。

4. 准确度高，熔解和凝固均保持在（80±0.3)℃范围。

五、油膜法测分子的大小

实验器材与用品：油酸、玻璃板、坐标纸、画笔、痱子粉、水槽。

实验误差来源主要为配制油酸酒精溶液。

采用的配法如下：

1. 测出 50～100 滴油酸的体积。

2. 得出一滴油酸的体积。

3. 采用一定比例（1～500 或 1∶1000）配制油酸酒精溶液。

4. 取一滴做实验。

而大多数学生采用以下方法：

1. 取一定体积的油酸（如 1 毫升）。

2. 配制一定比例的油酸酒精溶液（如 1∶500 即取 500 毫升酒精）。

3. 用量筒测得一定体积油酸酒精溶液时的滴数。

4. 得出一滴油酸酒精溶液的体积。

油酸分子不溶于水，一端易于和水接触，另一端难于和水接触，所以它容易形成单分子膜；痱子粉膜均匀、厚度合适。

第三章 基于核心素养的中学物理教学实践

第一节 物理学科核心素养概述

一、核心素养的形成及内涵

（一）核心素养

1. 素质与素养

心理学中，素质是个体心理所具备的基本特征和品质，是能力形成和发展的前提条件之一。而现代意义上的素质概念，广义上是指人的总体发展水平，是人的思想、行为的具体表现。在教育学中，素质是一个发展的概念，是经过后天的培养形成的一种比较稳定的身心发展的基本品质。因此，素质是可以通过个体自身的认识和社会实践来改变的。当前对于素质的结构没有统一的定论，具有代表性的观点主要有三种：第一种观念是二分法，持这种看法的人认为素质包括生理和心理两方面，即身体素质和心理素质；第二种观点是三层次说，这一部分人将素质分为生理素质、心理素质和社会文化素质；第三种观点是五成分说，依据德智体美劳"五育"，将素质划分为品德、智能、身体、审美及劳动技能素质，或者将素质分为身体、心理、文化、道德及思想政治素质。无论哪一种分法，都体现了内在与外在的统一，体现了全面、和谐的特点。

在对"素养"进行研究的众多学者中，汉字学家流沙河从"素"的本义出发，将其解释为"缫成的帛，色白净，质密致，曰素"。在大众视野中，素就是净、雅，不掺杂任何其他颜色的修饰，也可以将其理解为本色、天然之色。素广泛存在于我们的生活中，如元素，这是构成事物的最基本的成分；素材，是艺术创作之源，来自生活的本来面貌，也是最原始的材料。所以，素是万事万物的本质。而"养"始于生命孕育之时，存在于成长的每一个阶段。在各个阶段中，养所体现出的是精心呵护与照料，是付出与关照。这种付出与照料，不仅需要时间与精力的投入，更需要情感与意念的加持。养的过程，是一个不断给予、内化、凝聚、外显并实践的过程。

所以，从"素"与"养"的结合中，便可以将"素养"理解为：在个体天生潜质的基础上，经过后天漫长的引导与培养，而使人散发出的独特精神气度。通常，人们习惯将素质归于智力方面，而将素养归于精神方面，所以才有了"素质启脑，而素养启心"之说。由此便自然而然地将素养与人性、人格、品质联系在一起。对素养的培养，便是对人性、人格的要求。人们常说"江山易改，本性难移"，这就说明一个人的人格品质是稳定的。由此可见，素养是"一个人内在的稳定品质与生命涵养，是综合了知识、能力、行为习惯等各方面人格特征的集中反映"。

以上观点与中华优秀传统文化一脉相承。

另一种素养概念的提出，是建立在张华教授对欧盟、美国关于素养概念界定的总结与分析基础之上的。素养被界定为人在特定情境中综合运用知识、技能和态度解决问题的高级能力与人性能力。其与上述素养定义的最大不同在于结合了西方教育理论与教育发展。这种界定强调了高级能力（即面对复杂情境时，明智又富有创造性的分析、决策、行动能力）及人性能力，强调素养要包括道德。但从这一点来看，无论是立足于中华优秀的传统文化还是西方教育理论，所提出的素养概念是共通的，且对素的认识是较为明晰的。其一，肯定了人的天赋和潜能，并将其视为素养的基础；其二，对于"素养"而言，素是基础，养是关键。在养的过程中要突出人文关怀，强调情感的投入，重视对人性、人格的启迪，要形成态度、养成道德；其三，素养所体现的不是刻板的知识与技能，而是具有灵性的，是应对各种复杂情境所表现出的发散思维、多维判断与创造性解决；其四，素养不仅在于外在的培养，更在于自我塑造，只有通过学习并进行领悟、升华后形成的稳定的心理品质才能称为素养。

2. 核心素养

"核心素养"是在时代与科技变革、经济与社会发展及教育自身的发展驱动下产生的。现代社会给现代人提出了各种各样的素养，比如语言素养、学习素养、信息素养、科学素养、人文素养、健康素养、实践素养等。素养是在天赋的基础上，持续生命历程的人性、能力、品质的发展，是可以不断生成并扩张的，以动态的网络化的方式存在的，那么各种素养则是素养体系的网络节点。核心，即中心，是事物之间关系的主要部分。

从字面来看，核心素养即为众多素养中最中心、最基础、最关键的素养。由此可见，核心素养则是素养网络中最关键的节点，连通了素养网络中的其他节点。因此，张华教授认为，核心素养是人适应信息时代和知识社会的需要，解决复杂问题和适应不可测情境的高级能力与人性能力。林崇德综合世界各个国家和地区及国际组织对核心素养概念内涵的界定，同时考虑到不同学科对核心素养的研究，以及我国的现实需求和教育实际，将核心素养界定为：核心素养是学生在接受相应学段的教育过程中，逐渐形成的适应个人终身发展和社会发展需要的必备品格与关键能力。可以看出，张华教授对核心素养的定义揭示了"核心素养"这个概念提出的时代背景，并且特别强调了复杂问题和不可预测的情境，而林崇德教授是针对学生发展来定义核心素养的，强调人的终身发展和社会发展。

由上面的阐述，关于核心素养我们必须认识到：首先，核心素养是在先天潜能或天赋的基础上，通过接受教育等受后天环境的影响逐渐得以形成和发展的；其次，核心素养既要适应个人终身发展的需求，又要满足社会发展的需要，同时具有个人价值和社会价值，是众多素养中的关键素养，具有基础性、关键性、连通性等特征；最后，核心素养是必备品格与关键能力。品格，体现了人的基本素质，是个人生命的品质和价值，体现了个人整体的精神境界和高度；而关键能力是面向不同岗位、不同情境都能动的、富有创造性的分析、判断、决策并行动的能力。

（二）核心素养与学科课程教学的关系

从核心素养的内涵可以看出，核心素养所涵盖的内容是多方面的，是核心知识、核心能力，乃至核心品质的综合性概括。虽然这三者是构成核心素养不可或缺的元素，但核心素养的形成并不是这三者的简单相加。在学校教育中，需要教师在备课时，基于素养的培养，给予教学准确的定位，并从素养提升的高度，组织和设计教学活动。由此可以看出，核心素养与学科教学有着极为紧密的联系。

1. 核心素养指导、引领和辐射学科课程教学

教学应为素养而教，即为学生素养及能力的提升服务，重在育人，而不是为学科而教。将教育局限于知识本位，过于注重知识与学科内容的做法，不利于学生的长远发展，禁锢了学生的思维，阻碍了其视野的开阔及思维的活跃性，不利于具有丰富文化素养和哲学气质人才的培养。

一般来说，任何知识结构，都具有两个层次，即表层和深层。表层结构的知识，所体现的是表层意义，即语言文字符号所直接表述的学科内容（概念、命题、理论等）；与之相对的便是知识结构的深层意义，即蕴含在学科知识内容和意义之中或背后的精神、价值、方法论、生活意义（文化意义）等。表层结构（意义）以知识的显性、逻辑性（系统

的）为基本的存在方式；深层结构（意义）则以隐性的、渗透的（分散的）知识而存在，是学生素养形成和发展的根本（决定性的东西）。所以，核心素养对教学具有引领作用，以育人为学校教育的价值取向，确保学科教学为促进人的全面发展服务。

2. 学科课程教学的实施有助于核心素养的培养

长久以来，我国学科教学的目的始终以学生对知识的理解和掌握为主，然而随着社会的发展以及人们认识水平的提升，人们对教育有了新的认识。任何学科的教学都不能仅仅是为了获得知识和技能，而更重要的应该是深层次的，包括关注学生的思想意识、精神追求、思维能力、生活方法等，加强教育向这些方面的倾斜。这就要求学科教学应具有文化意义、思维意义、价值意义，而这些无不以人为出发点，体现着对人的尊重，这样的教学被赋予人的意义。

基于这一点，教育功能的发挥对于核心素养的形成与提升有着重要影响，即核心素养的达成依赖学科育人功能的发挥。就内容而言，知识、技能和态度是核心素养的综合表现，而这些要素可通过科学课程得以实现，现代教育理念强调教学中对过程与方法、知识与能力，以及情感态度及价值观的培养，从这一方面来看，学科课程教学过程有助于实现核心素养的提升。因此，在学科课程教学中，应自觉地树立核心素养的意识，将其与教学活动有机融合，从而达到培养学生核心素养的目的。

3. 核心素养的培养有利于学科综合的形成

对于我国现代化教育改革而言，其目的是培养适应社会要求的全面发展的人才。"全面发展的人"，是对核心素养所指向的"教育要培养什么样的人"这一问题的解答。核心素养，对人的要求不仅是知识上的，还包括能力与技能乃至态度及精神方面，其范畴超越了行为主义层面的能力。

尽管现代化教育理念早已深入人心，但在实际教学中，仍存在各学科各行其是的现象。对于不同学科的教学，有些学校过于重视学科知识和技能的传授，对于教学的其他目标，如情感态度、方法等，虽也有涉及，但对其重视程度远低于知识与技能的学习。与此同时，各学科的教学还存在一些共同点，如在构成核心素养的众多元素中，语言素养是不容忽视的一部分，是沟通交流能力的基础。语言素养存在于不同学科教学中，是各学科的共同素养，而非语文学科所专属。

基于以上观点，可以看出核心素养没有学科的界限。在核心素养体系的引导下，各学科相互促进，有助于各学科教学实现统筹统整，为学生综合能力的提升奠定了基础。

(三) 核心素养的培养原则

1. 系统设计原则

在素质教育不断推进的时代背景下，核心素养的培养成为当前人才培养的一个重要方向，指导着学校教育教学的改革。学科核心素养贯穿学科教学的始终，是核心素养培养的关键。学科核心素养培养的内容与学科内容以及学科目标有着直接的关系，学科不同，其核心素养也不同，但是任何学科的核心素养的培养，其大的方向是一样的，即聚焦学科最核心的知识、方法、思维。

教学活动是一个系统的过程，从课程标准到学科知识的教学都需要以学科特点为基础，同时兼顾学科知识，通过由浅入深、逐步深化来编排。学科核心素养对于学科教学有着重要的指导意义。因而，从核心素养层面进行教学设计是现代教学设计发展的必然趋势。需要立足于核心素养，进行课程知识的分析、学科内容的理解，在核心素养理念意识的指导下，进行系统的教学内容的分析，将核心素养的培养渗透于教学，并强化其地位，使核心素养的培养在教学的各个环节都得到落实。

核心素养的培养，不是一蹴而就的效应，对核心素养的培养往往需要经过学期或者学年的培养来建构，甚至有的学科核心素养还需要跨阶段来实现。这就意味着核心素养的培养，离不开科学内容的系统设计，促使核心素养的培养有计划、有步骤。首先，需要在核心素养理念的指导下分析学科课程，确定以核心素养的培养为基础的课程主题。围绕这一主题，分析课程章节主题，进行逐一教学，这是一条从宏观到微观进行学科核心素养培养的系统化设计路线。其次，有针对性地对核心素养所集中的课程内容进行全面分析与系统设计，包括知识内容的分析、教学目标的设定、教学过程的设计等，这些都要围绕核心素养的培养理念展开。

2. 课时积累原则

核心素养的培养离不开学科的教学过程，它贯穿教学活动的每一个环节及每一个阶段，是一个系统化的过程。而学校教育的每一个阶段又包含着一系列课程，课程的教学是通过特定课时的累计完成的，因而，基于核心素养培养的特点，它的形成也应体现课时累计的原则。如果将核心素养的构建视为一座大厦，课时便是建成大厦的砖瓦，只有不断累计，在每一课时中都强化核心素养的培养，当达到一定的程度时，才能看到成效，核心素养的体系才能被成功构建。

需要强调的是，课时核心素养的培养，必须以整体素养的构建为指导，这就如同建造高楼大厦，只有明确大厦的规划，并以此为依据，指导砖瓦的摆放，才能保证所建大厦不偏离规划要求。对于教学过程中的主次重点，需要从核心素养的培养出发来把握课时。课时的教学不是独立的，是在一个主题对应的章节中相互联系，促进理解与深化的。基于核心素养培养的教学，需要注重以章节为单位的课时教学，并将其视为章节目标达成的主要途径，通过课时学习的有效积累，促进核心素养的构建。

3. 启发性原则

培养学生的物理学科核心素养要求学生主动学习、积极思维，提高学生的思维品质。教学中要"道而弗牵，强而弗抑，开而弗答"，要善于提问或者善于创设问题情境引导学生提问；让学生通过思考、探索、推理形成自己的观点看法，在获取知识的过程中"不愤不启，不悱不发"，强调学生独立思考，发散思维。再通过论证、总结、反思、评估，帮助他们对知识做出正确、科学的表述。启发性作为一种原则，是所有的教学方式都应该遵守的，而不仅仅适用于某种教学模式。启发指向体会、思考、感受，不仅有利于思维品质的提高，也对科学品质的培养有非常重要的意义。

4. 生活性原则

这一原则是与物理学的特点、价值紧密联系的，物理学的教学不能与生活相割裂。生活性原则要求教师、学生要关注与物理相关的生活现象，将生活现象带入物理课堂进行研究或者将物理知识带入生活解释生活现象。将生活与物理课堂结合起来，有助于提高学生的学习兴趣，增强学生对物理现象、生活现象的好奇心及求知欲，也能培养学生对科学和技术应有的态度和责任感，体现"物理源于生活，寓于生活，用于生活"。

5. 方法多元化原则

教学有法但教无定法，受多种教育理论的影响，现在的教学方法多种多样，如讲授法、自主学习法、讨论式教学法、问题式教学法、探究式学习法、同伴学习法、实验法、任务驱动教学法、分层教学法、练习法等。每种教学方法都有各自的优点和不足，教师应该批判性地对待，应该根据每种教学法的特点，结合具体的教学内容、教学目标、教学条件等进行合理选择或者相互配合，采用多元化的教学方式培养学生的物理学科核心素养。但无论采用哪种方法，都要以学生为本，且体现教学的启发性、生活性以及知识的建构性。

（四）评价方法的选择

评价的目的在于对学习效果的考察。评价的方式是多样的，通常包括纸笔测试、活动表现性评价等。纸笔测试是一种较为常见，且被广泛运用的评价方式。随着人才观培养的变化，人们越来越注重真实情境中开放性、综合性问题的设置，更加注重思维、能力的考查。在核心素养培养的问题上，知识的学习是绕不开的话题，核心素养的培养过程即知识的学习过程。更加注重知识在获取与运用基础上能力、态度、思维等的发展。

基于量变引起质变的原理。知识达到一定程度的积累，就会发生质的变化。所以，纸笔测试，不仅要注重对学生知识量的考查，还要兼顾知识的质性发展。测试中对于解决过程性问题的设置，不仅能够展示学生对知识的掌握与理解程度，还能够考查学生运用知识解决实际问题的思维方式与能力。因而，纸笔测试对于核心素养的培养有着积极意义，也是其他评价模式无法比拟的。

关于另一种评价方法——表现性评价，它是一种全新的评价方式。对于表现性评价，可以从广义和狭义两方面来理解。广义上的表现性评价，是指教师在平时的教学活动之中，对学生进行的任意形式的一种评价活动，是一种形成性评价或称为阶段性评价；狭义上的表现性评价，是基于特定的学习内容，对学生的学习结果进行有目的、有组织的评价活动。

活动表现性评价，贯穿学生完成学习任务的全过程，通过对过程与结果的分析，掌握学生思维的过程。具体情境下学生的表现能体现学生在解决问题中对知识的综合运用及迁移能力。虽然表现性评价是一种不受拘束的评价方式，但为确保评价的科学性与有效性，必须以明确的评价目标为前提。与此同时，还需要提出问题情境的综合性、开放性与实践性，此外，贴近学生生活与符合教学内容，也是必不可少的。

二、物理学科核心素养

人们最早对"素养"的关注，源于经济合作与发展组织（OECD）自 20 世纪 90 年代起所进行的为期近九年的"素养的界定与遴选：理论和概念基础"专题研究。其将素养界定为：个体在特定情况下，能够满足复杂情境的要求与挑战，并获得成功及优质生活所需要的品质。

从中可以看出，素养是一种被赋予了认知、技能与情感的复合概念。这一复合性的概念，不仅是能力上的体现，更重要的是体现在思想道德上，可以说，素养是知识、能力、态度的有机整合。基于这一点，人们可以通过后天的努力以及条件的创造，来提高自身素养。

核心素养便是基于素养的概念而提出的，它是素养中最关键、居于核心地位的部分。素养是每一个社会人都应该具备的品质与能力，而核心素养是必备的。核心素养是一个人获得成功生活与功能健全社会所必须具备而不可或缺的"关键素养""必要素养"。

（一）物理学科核心素养

物理学科核心素养是在物理学习过程中所形成的适应个人成长及社会发展所需要的核心知识、关键能力以及必备品质，是学生在物理知识的学习及知识的内化后所形成的具有物理学科特质的素养。基于物理学科的特点，构成物理学科核心素养的要素包括物理概念、科学思维、科学探究、科学态度与责任，对物理学科核心素养的培养，离不开以学生发展为中心的核心素养的培养，在此基础上，需要体现物理学科的教育价值。在当前素质教育与教育改革浪潮的驱动下，我国基础教育阶段的物理课程已将核心素养作为一项重要的教育目标来贯彻，并将其作为引领课程、教材与教学的改革方向。

（二）物理学科核心素养要素

1. 物理概念

观念是人们对客观事物的认识，这种认识包括主观与客观两方面。个人的观念反映的是客观事物在人脑中的反映。所以，对于个人来说，成长过程中所形成的观念对人的认识有着极大的影响，可以说人们观察事物的视角、思维方式，都直接受其影响。甚至它还决定着人的价值取向、生活方式，乃至为人处世的方式等。

生活中，我们每一个人都经历着新观念的形成，以及旧观念不断更新的反复更替。对于物理概念而言，对物理基本理论的建立，基本观念是必不可少的。以物理课本中的复杂公式为例，虽然公式是构成物理知识的重要组成部分，但重要物理理论的提出，并不依赖公式，而是源于观念。同样，物理概念与规律，也是构成物理学的重要成分，是教学的基石，但物理教学并不是为了记忆概念而教概念，其价值在于通过对概念的理解，达到灵活运用的目的。概念对于学生而言，不应该是一个呆板的、靠死记硬背的内容，也不是在考试中凭借记忆对公式的套用。真正意义上的物理教学，是通过对物理事实、原理、概念、规律的教学，让学生在对基本的原理、规律、概念认识的基础上，通过概括与归纳，将其内化于心，通过加工与提炼，使其升华，学会从物理的、科学的视角，形成对自然界中万事万物运动机理及其相互作用的认识。通过这一系列的活动，旨在为学生从物理学的视角，运用物理学的知识解释自然现象、生活现象，解决实际问题打下基础。

马克思主义哲学观认为，人类社会是物质世界长期发展的产物。辩证唯物主义认为，物质是能为人的意识所反映的客观存在。因而，世界真正的统一性在于它的物质性。而事物是不断变化发展的，物质世界也同样处于变化发展之中，运动是物质的根本属性和存在方式。与此同时，事物普遍联系的观点又说明运动与物质是相互联系的，运动离不开物质。结合物理学的概念，物理学是研究物质的基本结构、物质运动和物质相互作用规律的一门基础科学。由此可以看出，学习物理，能够让学生至少明白以下三种最基本的物理概念。

（1）物质观

依据马克思主义哲学，自然界一切事物都是客观存在的物质世界。世界是物质的世界，物质性是其基本属性。因而，形成正确的物质观无论是对于物理的学习，还是认识客观世界都是极为必要的。

（2）运动观

马克思主义哲学观认为，事物是运动变化的。运动存在于世间万物的一切变化和过程之中，是物质的固有属性及存在方式。而任何事物的发展变化都是有规律可循的，规律具有客观性和普遍性，运动也不例外。通过研究物质的运动及运动规律，能够掌握并预测事物的变化。

（3）相互作用观

马克思主义哲学观认为，事物是普遍联系的，在运动中相互作用。正是基于这种相互联系的作用，才形成了物质的运动、变化和发展。通过研究物体间的相互作用，有助于促使学生对物质的形成有一定的认识。

2．科学思维

人们常用"才思敏捷"来形容一个人的聪慧，足以见得思维之于人的作用，思维与人的智力有着直接的关系。发展人的思维品质是提高个人能力和智力的关键。思维是人的主观意识对客观事物的间接、概括的反映。思维的产生，离不开人的感觉、知觉以及客观事物，是一种高级的认知过程。因而，需要强化思维培养的意识，尤其是在学校教育阶段，要重视对学生思维意识的培养。在教学过程中，不仅要注重培养学生思维的逻辑性、灵活性与敏捷性，还要注重思维的广阔性与深刻性、思维的独立性与批判性的培养。

科学思维是建立在科学探究与论证基础上的，从物理学的视角所形成的对客观世界的本真认识，以及对客观事物的本质属性、内在规律及事物间相互联系与作用的间接、概括和建构的反映。思维的过程，即是从实到虚，从事实到理想模型的抽象概括过程，是基于事实证据和科学推理对不同的观点和结论提出疑问、批判、检验和修正，进而提出创造性见解的能力与品质。由此，构建模型、科学推理、科学论证及质疑创新构成了科学思维的基本要素。

（1）构建模型

模型与客观事物之间存在着必然的联系，它的形成是建立在对客观事物进行科学概括的基础上，在概括出事物的本质特征后所抽象出的一种对事物的简化反应。由此，透过模型就可以直观而鲜明地反映客观事物。模型对于科学内容来说，就具有了解释、预见、发现和启示的功能。通过模型，能够将抽象的事物转化为具体的、形象的，将深奥的、不易于理解的科学概念、理论等以具体的形式表现出来，便于概念、理论的理解。科学研究的本质即建立理论和模型以不断加深对自然本质的理解。

物理学是一门抽象的学科，模型的建构对于物理的学习有着积极的促进作用。对物理学的学习，必须树立模型建构的意识，了解常见的物理模型，并能够根据具体的情境建立合适的模型，这对于学生思维品质的发展极为重要。

在物理学习中，根据学生对物理模型以及问题情境是否熟悉，将模型与问题情境的解决分为三种形式：其一，运用所熟悉的物理模型解决熟悉的问题情境；其二，在陌生的问题情境中建立陌生的物理模型；其三，在陌生的物理情境中建立熟悉的物理模型。而这些，都要求学生必须掌握一定的物理模型。

（2）科学推理

推理的过程可分为演绎和归纳，因而，演绎和归纳也是推理的两种类型。演绎推理与归纳推理的区别在于，前者是根据前提得出必然性结论的推理；而后者得出的是或然性结论的推理。在推理过程中，对规律的尊重是必然的，但也不能忽视对证据的重视。证据是进行推理必不可少的要素，是推理的基础。

对于中学生而言，他们所进行的科学推理，从本质上看，就是基于证据所进行的实质性推理。对于学生推理能力的评判，有赖于学生将已有的知识经验和探索发现的已知条件运用于新的情境的实际。由此可见，培养推理能力，首先必须具备一定的知识和经验的积累，所以对于学生而言，知识的储备很重要。此外，教师还应该教给学生一些基本的逻辑规则，并让学生知晓证据在推理中的重要性。

物理学是一门研究科学、重在推理的学科，推理对于物理学至关重要，是解决物理问题的必备要素。推理同样也是证明、论证及求解的必经过程，是获取新知识及分析、解决问题的必备环节。

（3）科学论证

论证是一个辩证的过程，它是个体在面对未知问题时，给予证据和理由建构主张，利用反驳、劝说等形式向他人辩护自己主张的合理性实践。论证的出发点和归宿，都离不开真实的证据及有效的推理。所以，进行科学的论证，必须保证三点，即证据的真实性、推理的有效性、观点的正确性。论证的过程中难免会遇到与自己观点或主张相违背的情形，所以，在与他人争辩的过程中，不仅要强调对自己所持观点进行有效辩护，所阐述的证据或推理的过程要正确、详细，要表述清楚，而且还应该尊重他人不同的观点，与此同时，在不同的观点中做出权衡，在协商中解决意见冲突。科学论证是论证形式的具体化，它是对自然界中的未知事物或现象进行的论证，是科学家在面对未知问题时，利用反驳或劝说等形式向他人灌输自己建立在科学证据和理由基础上的科学主张的合理性实践。

科学论证是一种重要的科学实践形式，是开展科学工作不可或缺的，也是重要形式之一。物理学是探究科学的学科，因此，科学论证是物理教学所必需的。在科学论证中，难免会存在意识上的冲突，解决冲突的过程，就是内化知识的过程，让学生感受到已有知识的不足，进而认识到替换或调整已有概念的必要性。进行科学的论证，需要学生具备一定的知识储备，同时，还需要在论证的过程中，详细地阐述自己所建构主张的步骤和逻辑，让他人理解并认同科学知识的产生过程。科学论证是物理学习思维能力形成的关键，同时也有助于发展学生科学探究能力，促进学生科学观念的形成，促进合作意识的锻炼与提升。

（4）质疑创新

"学起于思，思源于疑"，由此可见，质疑是难能可贵的一种品质。

所谓质疑，是基于个人已有的知识，对已有的现象或结论提出疑问。质疑并不是毫无根据的臆想，而是根据自身的知识储备，对已有现象或观点提出有理有据的理性思考。

但质疑并不是目的，疑问的提出在于保证知识的准确性。除此之外，质疑还是探索的起点。只有心中存疑，才会为了释疑而采取一系列的方法，在刨根究底的过程中不断地提炼证据、探究问题，从而获取大量资料，并通过推理形成自己的观点，在论证中阐述自己的主张。

在这一过程中，不仅得到了准确的答案，也在寻找答案的过程中获得了新的知识，与此同时，锻炼了自身的探究能力与思维品质。从某一角度来说，质疑可以理解为对已有知识、理论、观点的不认可，是在深入推敲的基础上，对原有认识的解构，但这并不是目的，质疑不能随着原有知识的解构而消失，相反，质疑的目的是在已被解构的知识体系上，建构新的知识体系。

质疑所体现的是一种特质，即思维的灵活性与深刻性；此外，质疑还体现出一种态度和精神，即一种不人云亦云、不盲从的态度，一种敢于挑战权威、打破陈旧的精神。与此同时，质疑还体现出一个人思维的开放性和创造性。只有具备质疑的精神，才能打破常规、开拓创新。质疑是创新人才必备的品质。

3. 科学探究

探究精神是现代人才所必备的一种品质。现代教育理念强调培养学生的探究能力，探究式教学已成为当前学校教育的重要教学模式之一。探究式教学是将科学领域的探究引入课堂，在感受和领悟科学家探究精神的过程中，理解科学的概念和本质，从而自觉增强探究意识，培养探究能力。研究表明，学生对物理知识学习时所表现出的认识规律与探究式的教学相符合。这样，学生在科学探究的过程中，就能够与物理学科的探究本质保持一致，这与物理学的本质特征是相符的。即物理学是在不断追求认识统一性的探究过程中发展起来的，物理研究要在科学探究的过程中寻找事物的本质特征与统一规律。科学探究成为物理教学不可或缺的一部分，成为物理教学的重要内容和教学方式；与此同时，科学探究还是学生必备的一大素养。

尽管目前科学探究已成为国内外炙手可热的一项研究课题，科学探究本身也没有既定的模式，但通过综合不同研究者的研究结果，可发现不同学者对科学探究的一大共性。物理教育将科学探究界定为："科学探究是提出科学问题、形成猜想和假设、设计实验与制定方案、获取和处理信息、基于证据得出结论并做出解释，以及对科学探究过程的结果进行交流、评估、反思的能力。"科学探究素养的形成是一个漫长而持续的积累过程。在不同的学习阶段，教师应根据学生的特点及能力水平选择合适的探究方式，加强科学探究素养的培养。

4. 科学态度与责任

态度是人评价某一事物时所表现出的某种心理倾向。这种心理倾向依赖于主体对客体一定程度上的认知、情感和行为意向，态度取决于这三大因素的统一。认知成分是指个体对态度对象具有的评价意义的观念；情感成分是指个体对态度对象认识的基础上进行评价而产生的内心体验；行为倾向是个体对态度对象准备做出某种反应的倾向。对于科学态度，也应从认知、情感及行为倾向三个角度来理解。

（1）科学本质

科学即探讨客观世界的本源性问题，是对科学本体论的探讨。科学课程的设置，应建立在对科学本质认识的基础之上。要想培养学生的科学态度与责任，首先必须引导学生认识科学的本质。事物是运动变化的，科学的本质也是随着研究的深入而不断发展和完善的。加之辩证唯物主义事物普遍联系的观点，对于科学研究而言，科学的研究与发展必然涉及人与自然、人与社会的关系。因而，在以科学探究为核心的物理教学中，需要加强学生间的合作、增强科学探究意识、重视物理知识的建构，除此之外，还需要建立学生对物理学史，以及物理学与其他学科的联系，这对于学生形成科学态度与社会责任意义重大。

（2）科学、技术、社会、环境

科学（Science）、技术（Technology）、社会（Society）、环境（Environment）（以下简称"STSE"）相互间是密切联系的。科学与研究离不开一定的社会环境，社会提供科学研究所需要的环境；而科学研究的理论、知识、规律等并不是直接作用于社会，也就是说，技术才是科学与社会的纽带。科学提供的原理、规律、知识等转化为技术，技术影响生产力的变革，引起社会的变化。人类通过科学增加了对社会的认知，而技术又成为科学转化为生产力的中介，只有将科学的知识、理论转化为技术，才能最大限度地发挥科学的价值，为人类社会创造财富，推动社会的变革与发展。然而不可否认，伴随着科学的发展，人类环境也会发生一系列变化，诸如环境污染、水土流失、生态破坏、能源短缺等，在环境日益恶化的进程中，人类已意识到环境的重要性，由此，提出了科学发展与环境的关系，即在发展科学与技术的同时，要注意社会和环境的保护。可以说，人类发展的历史实际上是STSE彼此间相互促进、互为制约的过程，也是和谐共生、持续发展的结果。

在物理教学中培养学生的科学态度与责任意识，就需要加强学生对STSE关系的认识，既让学生明白科学与技术对于社会的作用，也要让学生认识到科学技术对环境的影响，培养学生人与自然和谐发展的可持续理念。

（3）科学态度与社会责任

科学态度是探究科学本质所必须具备的一种品质。科学态度对人的影响体现在很多方面。首先，在情绪上，影响主体对客体的体验；其次，在行动上，影响个体行为的方向性和对象的调节性，进而影响信息的接收、理解与组织，还会影响主体的投入状态。所以，在物理教学中，需要培养学生养成以下科学态度。

第一，"知之者不如好之者，好之者不如乐之者"一语道出热爱对于科学态度养成的重要性。只有对科学及科学探究感兴趣，才能在求知欲的驱动下养成科学的态度。第二，"独学而无友，则孤陋寡闻"，由此可见与人合作的重要性。科学态度的形成，需要培养学生的交流意识和合作精神，让学生在科学探究中与人讨论。第三，"知之为知之，不知为不知"说明需要尊重客观事实，实事求是是科学态度的一大品质。其表现为维护客观事实，不弄虚作假，敢于接受实践的检验。第四，"锲而不舍，金石可镂"所呈现的是一种持之以恒的顽强精神，自强不息是科学态度所必备的又一品质。第五，"天下兴亡，匹夫有责"意味着强烈的民族情感是科学态度的基石，需要培养学生树立为社会发展、国家繁荣而努力的志向，将所学知识服务于人类社会的社会责任感。

在物理学习过程中，需要加强学生对物理知识的吸收、内化，让学生对物理知识以及物理学本质形成客观的认识，并形成正确的物理观。物理教学的过程是引导学生科学探究及科学思维的过程，在这一过程中，学生的探究意识及思维能力都相应地得到了锻炼，有助于学生有效解决具体的问题。除此之外，物理教学鼓励学生尊重客观事实，培养学生养成勇敢无畏、持之以恒的精神品质，对于学生的影响是深远的，能够指引学生克服生活中的困难，而对挫折与失败，能够保持积极乐观的生活态度。

总而言之，物理学科核心素养，对于学生科学知识的学习及科学精神的培养，以及正确价值观的形成有着积极的促进作用。对物理核心素养的培养，是培养学生核心素养的必经之路。

第二节　核心素养导向的
物理教学设计的主要特征

一、物理教学过程对学生核心素养形成的影响

物理核心素养是在物理学习过程中形成的必备品质与能力。物理学

习过程，包括学习目标与任务，师生关系、教法与学法以及环境等因素，其中，学习目标与任务相对较为稳定，而教法与学法，以及教学环境等可变性较大，是不稳定因素。这些因素影响着学生物理核心素养的形成。

（一）教师教学方式

教师的教与学生的学，是物理教学过程中的双向互动过程。教学活动是师生共同参与的过程。在传统教学中，教师是知识的传授者，被赋予了较高的地位，因而在教学中处于绝对的主导地位，决定着教学目标的制定、教学内容及资源的选择，乃至教学活动的组织形式等。这与现代教育理念所强调的学生主体地位相冲突。现代教育理念注重师生地位的平等，主张教学过程中的师生对话。因此，教师的教学理念及教学方式对于核心素养的培养至关重要。要实现基于核心素养的物理教学，就需要对教师的教学方式进行适当的调整。

1. 重过程轻结果的教学方式

传统的知识本位的教学模式，注重知识的传授及掌握的数量。这种只重结果而忽视学生学习过程的教学方式，不利于学生能力的提升。"授人以鱼，不如授人以渔"，运用到教学中，体现了学习方法的重要性。教师教学的目的，不应该只是知识的单纯传授，或是应付考试，获得高分，而应该教会学生体验获得知识的过程，掌握获得知识的方法。这种获得知识的方法与能力，应该体现在教学过程中。

在我国教育发展过程中，主要形成了两种教学方式，即知识传授式教学和探究式教学。而其他形式的教学方式，都是基于这两种方式的补充和延伸。知识传授式强调的是知识本位，这一教学方式与现代教育理念所强调的学生本位相冲突，其弊端也在教学发展中逐渐显露。探究式教学，突出了学生在教学中的主体地位，该教学方式是以问题的解决为目标，学生在教师的启发与引导下，自觉主动地完成发现问题、分析问题、解决问题、总结归纳的过程。在这一过程中，学生既体验到学习知识的成就感，又获得了解决问题的方法。不仅如此，学生在探究过程中，思维能力、合作精神、沟通交流能力、收集信息的能力等都得到了锻炼与提升。探究式教学注重学生自主学习习惯的养成，同时还关注学习过程中方法的掌握、能力的提升，以及科学精神与品质的培养。这些都是隐性素养，而传统的教学方式，之所以重结果，是因为结果是直观的、显性的，这也反映了人的认识上的欠缺。殊不知，当学生具备一定的隐性素养之后，结果的获得便指日可待。

2. 重理念促发展的教学方式

意识对人的行为能产生一定的影响，因而，在教学过程中，科学的理念与方法，对于学生的学习能够产生积极的促进作用，具体体现在良好习惯的养成及科学思维的发展上。学生的层次取决于教师的眼界和思想高度。在教学过程中，教学内容及方式的选择，都来自教师的决策，取决于教师的教学理念。教师对学生人文知识的渗透、社会信息的吸纳能培养学生的人文底蕴、国际视野。如将物理学史融于物理教学，有助于培养学生的人文情怀，帮助学生领悟科学的真谛，更加深刻地理解物理学科的价值，增强学生对社会责任意识的认同感。

基于以上认识，在物理教学过程中，可通过以下方式实现教学方式的改进。

首先，融入物理学史的教育，补充物理学背景，帮助学生更好地理解科学发展历程，形成对物理学的准确认知；其次，强化理论知识与生活的联系，补充科学技术在生活中应用的知识，深化学生对物理学科学性与实用性统一的认识，帮助学生形成学以致用的观念。

（二）学生学习方式

学习方法的掌握是学生知识的获得与能力提升的关键。伴随现代教育的发展，形式多样的学习方式层出不穷，如自主、合作、研究及创新学习等。随着教育改革的持续推进，学习方式的改进，已成为教育界普遍关注的话题。

1. 变被动为主动的学习方式

学生是教学活动的主体，学生的学习能力直接决定了学习的效果。

一般将学习分为认知性学习与非认知性学习两种。非认知性学习是学习方法、态度及情感的总和。现代教育所要培养的是全面发展与终身发展的人才，要培养学生成为自主学习的主体，这就需要培养学生养成热爱学习、独立思考的习惯，与此同时，全面发展的人才也需要具备合作、探究的精神，离不开与人合作的意识。变被动为主动的学习方式的转变，需要在探究式教学方式的引导下，采取小组合作探究的学习方式，在生生间的交流互动过程中，培养学生的合作意识。鼓励学生在平时的学习或生活中，多与他人沟通，在与他人的互帮互助中获得知识，这是学习过程中不可或缺的品质。

2. 改传承求创新的学习方式

根据现代社会对人才的要求，学会学习、思维灵活、富有创新性是适应社会发展所必备的技能。这种能力的培养依赖探究性教学方式的配合，来引导学生进行探究性学习。教师应为学生的探究性学习创造更多的机会，通过开发形式多样的探究性学习，如变废为宝的小制作，改进物理实验等，以增强学习的主动性，打破僵化的思维模式，促进思维的开阔性，调动学生学习的热情。

（三）教学环境的影响

家庭、学校、社会是影响学生学习的三大主要因素。其中学校环境的影响是巨大的，学校环境主要体现在教学之中，即教学环境，主要包括教学工具的使用，教学管理理念和氛围。在物理教学中，通过对教学环境的改善，引入现代教育技术辅助教学，不仅能够让学生接触先进仪器和教学技术带给教学的改变，有助于丰富学生对物理学的认知，提高物理操作能力，还能够激发学生课堂学习的积极性，促进教学效果的提升。

总而言之，教法、学法以及教学环境，对于核心素养的形成影响重大，是核心素养形成的重要支持。

二、基于核心素养的物理教学设计

(一) 教学内容分析

1. 物理概念与规律教学内容分析

物理概念和规律是中学物理的基础内容，也是物理学习的核心部分，打好概念和规律的基础，有助于物理学习的进一步深化。在过去传统的物理教学中，教师普遍性地将物理概念和规律割裂开来，没有形成统一的认知，也没有对其进行内容上的有效整合，导致学生对知识的学习存在严重的碎片化。解决这一问题的关键在于物理教师对知识的整体把握，在此基础上，注重教学任务的分类和重构。在具体的教学设计中，需要立足于概念与规律的特点，有针对性地进行教学方法的选择。

首先，以章节内容为基础。进行教材和内容的设计时，需要针对本章节的核心概念进行分析，得出相对完整的概念体系。通过这种方式的设计，有利于学生矢量和标量的物理概念的形成。其次，跨章节的教学内容设计。可以在不同时间跨度上分析概念，学习进阶，有利于学生物理知识体系的形成，也有利于学生物理概念的形成。最后，针对某些具有代表性的物理概念或规律，设计教学内容时，可以分析具体物理概念的素养发展价值，这样有利于培养学生模型建构的能力。如针对物理学史上关于重物与轻物，哪方下落快的讨论，有利于培养学生质疑、推理的能力；自制反应尺，有利于创新能力的培养。

2. 物理实验教学内容分析

物理实验是物理教学活动的重要组成部分，对于学生科学精神的培养及实验操作能力的提升意义重大。因而，物理实验教学设计应引起教师的重视。对物理实验教学内容的设计，可从以下三个方面进行。

第一，需要明确实验目的。实验教学内容的设计要突出实验目标，使学生认识到实验目的对知识学习的意义。例如，打点计时器的实验设计，其目的应是训练学生对速度、加速度测量和顺势速度的概念。在实验目标明确的前提下进行实验操作，更有助于学生科学探究能力的培养。

第二，围绕实验目的进行具体的实验探究内容设计，引导学生分析实验具体探究内容对发展学生思维的价值。表 3-1 列举了一部分实验具体探究内容对学生科学思维的价值。如在进行实验误差分析的设计时，让学生在实验操作中，结合图表和数据，利用图像法和等效替代的思想，分析实验数据与标准数据存在差异的原因，有助于学生形成科学探究和科学推理、论证的能力。

表 3-1 实验具体探究内容对发展学生思维的价值

探究内容	对思维的价值
猜想与假设	推理
设计实验方案	建模、质疑创新、推理
处理实验数据并得出结论	论证
实验误差分析	推理

第三，分析实验的主要内容、实验原理，在此基础上，进行实验过程及步骤的有效性设计，明确基本的实验操作程序及操作规范、科学准确地收集并记录实验现象与数据，对所得数据进行整理，分析得出结论，分析误差形成的原因，用于指导实验的改进。实验教学设计的目的在于让学生熟练掌握实验操作的基本流程，培养学生严谨、求实的科学探究素养。

（二）教学对象分析

任何学科的教学都是师生双方共同参与的过程，因而，对教学的设计，离不开对作为教学对象的学生的分析，学生是教学设计中的核心。在进行教学设计时，要立足学生群体，关注学生生理和心理的变化，全面了解学生的认知结构特点及知识储备情况，掌握学生的学习状态。对教学对象的分析，具体内容如下：

首先是对学习新知识时学生基本状态的分析，包括前认知水平、知识结构、技能基础及能力等方面。其次是对所学知识的认知情况的分析，如生活环境、生活经验及前概念等。最后是对学生存在问题的分析，如具体知识点或者某一概念或技能等。对教学对象进行全面准确的分析，有助于教师根据所掌握的学生的实际情况，开展有针对性的教学活动。这样即使出现突发状况，也能够及时有效地处理，并通过适时的调整，完善教学，有助于保证教学活动的顺利开展，促进教学效果的提升。基于核心素养的物理教学，要实现基于素养培养的课程目标，不仅需要重视本学科知识的学习，还要延伸至其他学科，其他相关知识的学习，以丰富学生的知识储备，开阔学生视野。

核心素养导向下的物理教学设计，要求分析教学对象时，能够做到设身处地站在学生的角度考虑问题，以学生的视角分析他们的优势与不足，尤其是所欠缺的思维和能力，进而采取因材施教的教学策略培养和升华其核心素养。

（三）教学目标设计

目标是行动的指向灯，明确的教学目标能够确保教学活动沿着既定的方向有序进行，并对学生的学习方向进行有效的指导。可以说，目标既是教学的出发点，也是教学的归宿。教学目标的设计必须明确和有效。

1. 教学目标的确定原则

教学目标的科学性和有效性，对于教学活动的开展有着重要的指导意义。因而，对于教学目标的确立需要慎重，在操作中需要遵循以下原则。

（1）以学生为中心

学生是教学活动的主要参与者，因此，任何教学活动都要以学生为中心，围绕学生展开。教师要全面了解学生的特点、兴趣爱好等，这样才能做到教学的有的放矢，提高教学的效果。

教学目标是教学的前提，只有设立明确的目标，才能使教学活动科学而有意义。

课堂教学目标要适应学生的年龄、个性、真实兴趣、认知规律等心理因素，要基于学生目前的经验、知识和能力水平与发展方向、教学环境条件等教育因素。这就是说，合理目标原则必须与以学生为中心原则相结合。

（2）可评价原则

教学目标的主要作用便是直接指导教学活动，使教学活动有章可循，不论是教师的教还是学生的学，都能找到方向。教学目标的陈述应力求明确、具体，可以被观察和测量，避免用含糊和不切实际的语言。教师需要学习有关目标陈述的相关理论和技术，使教学目标具体化。

在可评价原则的指导下，基于核心素养的物理教学目标将会发生相应的变化，尤其体现在技能和知识、过程和方法这两方面。这种变化主要体现在新课标对课程标准的行为动词进行了修正。如实验版课程标准将学生知识的掌握分为两个不同的标准：Ⅰ级，基于认知层次方面，是对一般知识的认识和了解；Ⅱ级，基于能力层次方面，是对知识的理解和应用。

在每节课进行教学目标的制定时，与之对应的行为动词分别为：列举、知道、描述、说出、了解、说明、表达、识别、对比以及简述等；阐述、解释、评估、核算、评断、分析及区分等；应用方面包括评价、利用、验证、运用、掌握等。其中很多是无法评估的，如学习变阻器的内容时，以人教版的课程标准为主，可将教学目标设置为深入理解变阻器的构造、电路中的符号，理解变阻器的工作原理，知道正确使用变阻器的方法。在教学活动结束之后，要想对学生的学习效果进行评价，了解学生对知识的掌握情况，就需要围绕教学目标来考查学生能否在实践中充分运用这类理论。如果学生无法进行自我评价，教师就很难对教学目标达到的程度进行评估。

但如果运用可评价原则来指导教学目标的设置，即"定义加速度时，使用比值定义法，并了解公式及每个物理量的单位、名称以及对应的符号等，同时在进行计算时，可充分利用这些公式"，由此教学目标更具体、可操作性更强，教学结束后，学生便可度量出自身完成的程度，从而有针对性地进行查漏补缺，完善知识结构。

（3）分层原则

教学要以学生为中心，由于学生个体差异性的存在，这就要求进行教学目标的设计时遵循分层原则。以班级为单位，不同的成长环境和经历，造就了学生们不同的性格、思维，尤其是在知识储备，以及对知识的理解与接受等方面的能力水平，也都因人而异。这就需要在制定教学目标的过程中，依据学生的实际进行科学合理的层次划分。

基于核心素养导向下的物理教学目标的设置，要做到具体明确，针对性较强，便于因材施教的开展。与此同时，还应该具备较强的可操作性，能够及时对学生的学习情况进行有效反馈。

（4）符合课程标准

课程标准是为教学需要达到的总的目标而设计的教学通用标准课堂教学目标的设置要在课程标准的范围内，依据课程标准、教材而定，目标的设定不能太高，也不能太低，要切合实际，还要依据符合课程标准的评价标准。在我国，通常以考试成绩作为教学评价指标，因此，课程目标的设计也要注意评价目标是否符合课程标准的理念和要求。

（5）具有全面性

目标的设定要全面，要以提高学生的综合素质与能力为目的，并在综合考虑各项要素的基础上制定。课堂教学目标要包括不同学习领域全面发展的目标，如认知、情感、能力等领域的目标，要符合语言素质与综合素质共同发展的要求。

（6）具有阶段性

教学任务的完成不是一蹴而就的，需要分阶段、分步骤一步步达成。因而，教学目标的制定要符合阶段性特征。在具体的设计中，要根据教学内容，将目标分为课时目标、单元目标、学期目标等，在完成细化目标的基础上，实现整体目标。总而言之，一个课时的课堂教学只需要完成一个课时的教学目标。

2．教学目标的实现

教学目标的确定是基础，而目标的落实是关键。为确保教学目标落实的有效性，可围绕以下几方面内容展开。

（1）构建和谐的教学环境

首先，教学角色的准确定位。教师要树立学生的主体地位，而使自己成为学生学习的合作者与引导者，与学生形成亦师亦友的和谐师生关系。传统教学方式之所以存在弊端，就在于教师角色的错位，形成了一种自上而下的师生关系，教师在教学中处于绝对的统治地位，直接拉大了师生间的距离，使其产生隔阂，也就无法做到"亲其师，信其道"。良好的教学环境应该体现在师生和谐平等的关系中，教师尊重学生人格，给予学生关怀。这样的教学环境，有助于激发学生物理学习的热情，树立学好物理的自信心。

其次，和谐教学环境的形成，还需要师生共同发挥作用。以核心素养为导向的物理教学，需要在以学生为基础的前提下，发挥教师的创造性及引导作用。在学生遇到问题时，及时地给予帮助和指导，通过科学的方法融入学生对问题的探究，共同致力于问题的分析与解决，应该避免对学生的过于放任。教师适时地帮助和指导，可以缓解学生在学习中的无助心理，更有助于学生探究能力的发挥。

（2）精心设计教学环节

第一，对教学的过程进行整体上的把握，对构成教学活动的相关环节进行科学、合理的设计，尤其应凸显细节，确保教学环节具体可行。根据课程内容和教学需要，可设置 3～4 个环节。需要引起注意的是，各环节要联系紧密，不能割裂开来。

第二，立足于物理知识同生活实际的联系，进而落实物理教学目标。将物理知识用于解决生活中的现象或问题，有助于推动物理教学的开展。从生活中的物理现象出发，获得对物理知识的感知与升华，进而将知识延伸至其他领域，构建生活化的教学场景，更有助于学生学习动机的激发。在教学结束之后，需要检验他们对知识的掌握程度，能否达到知识与运用的灵活切换。此外，在教学环节的设计中，还可以融入一些必备的教学辅助手段或工具。例如，进行摩擦力的教学设计时，可以借助课桌椅，作为教学的辅助工具。先让一个学生坐在椅子上，另一个学生去推观察结果；然后，让同一个学生去推空的椅子，再观察结果。最后通过两次对力的感受的比较，得出结论。通过学生身边的小实验，不仅能够激发学生的思考，进而加深学生对知识的理解，还能够引起学生的兴趣，让学生在轻松愉快的实践中，掌握摩擦力的相关知识。

第三，充分发挥实验的作用。物理是一门科学性较强的学科，而检验科学性最有效的方法便是进行实验。实验能够加深学生对知识形成过程的理解，因而，有助于知识的理解和掌握。因此，在进行教学设计时，要重视实验的地位和作用，合理地融入实验环节。通过实验，达到锻炼学生实验操作及思维能力的目的，培养科学、严谨的实验精神，进而促进自主学习的积极性。

第四，明确教学中学生的主体地位，教学活动的设计始终围绕学生展开。必要时可进行角色的互换，以更好地从学生的视角出发，有针对性地采取相关措施，引导学生融入教学，并自觉主动地就某一问题展开探究性讨论，最后得出结论。

第五，注重思维能力的培养。物理学科对思维能力要求极高，基于核心素养的物理学科教学设计，更应该体现思维创新的要求，促进学生思维的扩展。在知识的传授中，要善于启发学生思考，并引入生活化的教学情境，让学生在知识与学科前沿的成果用于生活的事件之间建立联系，从而加深对学科知识的认识。

（3）采取分层教学策略

分层教学符合人在发展过程中存在的个别差异。教育心理学认为，在人的发展过程中，由于受到遗传因素、家庭因素及社会环境的影响不同，个人的发展存在着不同的差异，心理学称之为"个别差异"。分层教学就是针对学生在智力和非智力因素发展中的个别差异，有的放矢，区别对待，从不同的学生的差异中寻求教学的最佳结合点，使全体学生都能得到主动、和谐的发展。

孔子提出的因材施教就是在共同的教育目标下，根据学生的个别差异特点，有的放矢，因势利导地采取不同的教育措施。分层教学就是依据这一原则，要求教师从不同层次学生的实际出发，在处理好集体教学与个别教学、在面向多数前提下照顾少数，对学生的差异赋予不同的要求，使所有学生都能在原有的基础上得到发展与提高。这正是分层教学的目的所在。分层教学符合目标教学理论。在物理学科中，分层教学与辅导的实施过程如下：

①分层教学。第一，课前预习的分层。即对不同层次的学生提出不同的预习要求。在让学生预习时，可要求 A 层学生主动复习旧知识，并预习新课内容；B 层学生初步理解和掌握预习内容，试着完成相应的练习题，遇阻时，能自觉复习旧知识，带着疑问听课，能主动求教或帮助其他组不懂的学习伙伴；C 层学生深刻理解和掌握预习内容，例题要先行解答，能独立完成相应的习题，力求从理论和方法上消化预习内容，并能自觉帮助其他组的同学。

第二，课堂教学的分层。课堂教学的分层是分层教学中最为重要的一个环节。在安排教学进程时，必须以 B 层学生为基准，同时兼顾 A、C 两层。一些深而难的问题，课堂上可以不讲，课后再给 C 层学生讲。课堂教学要始终遵循循序渐进、由易到难、由简到繁、逐步上升的规律，从旧知识到新知识的过渡尽量做到衔接自然，层次分明。

第三，课堂练习的分层。课堂练习遵循由浅到深、由简到繁螺旋式的教学规律，应以基本题为主，以 B 层学生为主线，然后层层推进教学。课堂练习一般分为三个层次：A 层是基础性练习；B 层以基础性练习为主，同时配有少量提高的题目；C 层是基础性练习和有一定难度的综合题目，并适当增加一些开放性的训练题目。学生做题时，教师巡视并分层做好指导。

第四，作业的分层。课后布置多层次习题也是分层次教学不可缺少的环节。课后作业一刀切，往往使 A 组学生吃不消，C 组学生吃不饱。为此，根据不同层次学生的学习能力，布置不同的课后作业，一般可分为三个层次：A 层是基础性作业（课后练习）；B 层以基础性为主，同时配有少量略有提高的题目（课后习题）；C 层是基础性作业和有一定灵活、综合性的题目（课后复习题）各半。作业分层既可以提高学习有困难的学生完成作业的积极性，也可以提高学习比较轻松的学生完成作业的创新性。

②分层辅导。教师的时间和精力毕竟是有限的，所以，课外分层辅导可以是教师亲自来辅导学生，也可以分好层后，采取"手拉手"或"结对帮扶"等形式，让学生辅导学生，"一对一"或"一对多"地共同提高，共同进步，这样可以在学生之间产生互动，形成良好的相互帮助、相互促进的学习氛围。在分层辅导中，"后进生的转化"是实施分层辅导的最关键一环。后进生的转化思路可以从以下几个方面着手。

第一，倾注情感。"亲其师，信其道。"后进生的一个普遍现象是在情感上得到的爱和温暖太少，而得到的嫌弃却很多。所以，作为教师，我们不仅不要嫌弃后进生，还要对他们有所"偏爱"，加强与他们的沟通，加大对他们的感情投入，多给他们期望和信心，使他们也学有所获，学有所长。

第二，组织教育合力。要组织一切可以发动的力量：学校、家庭、班级、同学，甚至街道，形成一定的教育合力。特别是要充分发挥班集体和合作小组的力量，让他们的思想和能力在学习进程和集体活动中得到同化、熏陶、提高。

第三，充分利用闪光点。一是要细心捕捉后进生身上的闪光之处并及时予以表扬；二是多让后进生在学习进程中扮演一些成功者的角色，让他们也品尝到成功的喜悦，并从这种喜悦中获取信心，看到希望。因为后进生的个性特征不同，闪光点的呈现形式亦有不同，教师利用闪光点调动后进生的方法和策略也应有所不同。"充分利用闪光点"还可以体现在对学生的"分层评价"上，即对后进生的评价采取横向迁移的目光，看重或肯定学生在学习过程中的努力程度以及是否在原有的基础上有所提高或进步，然后给予激励和表扬。

三、中学物理学科核心素养导向习题课的设计原则

习题的设置是对教学的巩固，其作用在于加深学生对知识的记忆，让学生在练习中巩固所学。习题课的实施，涉及诸多方面，如习题案的设计、批改与分析，课堂设计、课后小结等。基于核心素养导向的习题课的设计，应遵循以下原则。

（一）适度原则

练习不仅能够巩固知识，还能够起到检验知识掌握情况的作用。因此练习在教学中是必不可少的。对于中学物理来说，抽象的概念和枯燥的定律，通过课时的教学，一般能够在学生头脑中形成潜在的意识，这个时候，适当地练习有助于概念和定律的复习与巩固，使其在运用中由抽象转化为具体，便于学生的理解和掌握。与此同时，练习也能够锻炼学生对问题的思考和分析能力，也在潜移默化中促进学科核心素养的形成。例如，相似概念间的辨析、理想模型的迁移、多过程推理的能力、创新性实验的意识、严谨求实的科学态度等。

从教学策略上来看，"题海战术"旨在通过大量的习题练习，以尽可能地达到对各类型题的熟悉，从而降低应考时的陌生感，减轻考试时的压力。从教学方法上来看，"题海战术"的做法，在于通过大量的练习，来培养学生的"考感"，以便应对考试时能够做到从容自若。这种旨在提高学生做题熟练度的思想，本无可厚非，但过多依赖题海是不可取的。这不仅是因为高考题型变幻莫测，很难通过"猜题""押题"获取通向成功的捷径，还因为一味地练习，忽视了基础知识的积累与巩固，进而造成考试失利。

由此，即便是练习，也应该保证正常练习，坚持适度的原则，除此之外，更重要的在于学习方法的掌握，打牢基础知识，任何题型，都离

不开"万变不离其宗"的原则，掌握解题方法和技巧才是关键。

（二）因材施教的原则

无论是科学内容的练习还是习题课的教学，都应该以学生为中心，围绕学生展开。不同年级学生的情况各不相同，即使是同一年级或班级中，学生情况也存在差异性，这就需要在制定教学目标时，考虑到学生个体差异性的存在，遵循层次性原则，对习题的设计与编排要有明确的侧重，体现因材施教的原则。因材施教不是指总体上的分层教学，而是以班级为单位，针对班级内每个学生的差异，实行有针对性的教学，以促进所有学生在原有层次上的提升。

对于一个班级来说，每个人的学习能力、知识储备、学习习惯及态度等都各不相同，在进行习题练习时，如果没有考虑到学生的层次，每道题都强调综合运用，那么，能力稍差的学生便会很吃力，物理学习的信心受挫，就会造成物理学习兴趣的消退，甚至对物理学习产生抵触，不利于物理教学效果的保证。而如果只涉及基本的应用分析，能力较强的学生便会觉得缺乏挑战性，不利于激发更大物理学习的动机。

虽然学生的情况复杂多变，习题案的编制无法照顾到每个人，但要在整体把握的基础上，在分层教学的前提下进一步细化，尽可能做到因材施教，照顾到层次上的差异。如"弹性作业"的提出，便是基于层次差异的原则。它是充分考虑学生的差异性之后所编制出的习题案，其最大的特色在于存在难易度的跨度，而且是多类题型的组合。其优势就在于学生能够根据自身的实际，自主搭配，弹性地完成练习。

这一创新在过去是很难实现的，这是由于条件的限制，教师只能凭借经验对学生的情况进行基本的了解，这种了解并不全面，也不一定准确，基于这一现实，所设计的习题案针对性不强，效果不明显。而现代教育技术的发展，尤其是大数据分析系统在教学中的运用，能够全面而准确地掌握每一个学生的成长风格、学习偏好等个性化指标，这种信息化的集合，为教师的因材施教进行习题案的编制提供了便利。

（三）循序渐进的原则

教育是长期的过程，一蹴而就的教育是不存在的，物理学习更是如此。学习没有捷径，唯有持之以恒，循序渐进，学习是在"反复强化"中不断积累的过程。任何对学习捷径抱有幻想，追求"一次到位"的做法，都是不可取的。对于习题课的设计，也应该在习题案的设计中遵循循序渐进的原则，切不可将习题"试题化"。要在点滴积累的过程中，逐步强化练习。强化的程度不可过大，如在基础阶段的习题设计中，过多地融入高年级阶段的习题，甚至有的将高考要求当作平时练习的要求，这也是不可取的，违背了学生的认知发展规律。因此，教师要立足学生的实际水平，在对教学内容深度分析的基础上，科学合理地控制难易度。

（四）优化精选的原则

在高考压力的影响下，学生的学习普遍较为紧张，加之物理学习的时间有限，因此，在习题案的选择设计上，教师必须做到精挑细选。既要结合学生的实际情况，考虑到能够兼顾不同能力层次水平的、具有代表性的经典习题；也要结合教学实际，做到重点突出，一定程度上有助于学生能力的培养以及教学目标的实现。

第三节　基于核心素养培养的中学物理实验教学

一、中学物理实验概况

（一）物理实验

物理学建立在一定的观察与实验的基础之上，实验是该学科的重要组成部分。物理实验是人们依据一定的实现目的，在相应的物理原理的指导下，借助仪器设备，通过科学实验程序和方法，在人为地对环境及条件进行控制的基础上，进行的创造或纯化某种自然的物理过程；是在尽量不干扰物体客观状态的前提下，对客观物体的运动形式、相互作用、转化规律以及物质结构分析所进行的观测活动。

（二）物理实验教学

物理实验教学是贯穿物理教学过程的一系列实验，通过教师展示或学生动手操作的教学活动。中学阶段的物理实验一般分为课堂演示实验、分组实验、课外实验等。其中，根据教学目标的不同，还可以细分为验证性实验、探究性实验等。验证性实验主要用于验证物理学中的定理定律；探究实验是为培养学生的探究能力及思维能力而设置的一类实验。实验是物理教学的重要组成部分，是物理学科的基础，更是物理学习的事实依据。

（三）中学物理实验的地位和作用

物理学是研究自然现象、研究科学规律的学科，物理学的发展离不开科学实验的支撑。实验也是物理探究性教学开展的有效形式。对于物理教学来说，实验既是物理教学的手段，也是物理教学内容的重要组成部分。基于物理实验的操作能力、观察能力、思维能力、分析归纳能力以及解决问题的能力等，都是现代物理教学需要学生具备的基本能力。

物理实验过程包括对实验现象的观察、对实验程序的执行与操作，以及对实验结果的分析三个方面的内容，这三个方面分别对应着观察、操作与思维三种能力，它们之间相互联系、彼此影响。观察体现在实验操作的过程中，而操作主要体现在完成和实践实验设计的过程中；思维体现在设计、观察与分析实验现象与结果之中。由此，可归纳出物理实验能力涉及观察能力、操作能力及思维能力，是三种能力的综合。

而在这三种能力之中，操作能力是关键，处于核心地位。没有规范准确的实验操作，实验现象便无法观察，更无法体现出思维的过程。中学物理教学是学生接触物理的开始，也是物理学科体系中最基本的部分，在这一阶段，培养学生树立科学的实验态度、掌握正确的实验方法是教师的职责所在。而当前的物理教学，存在部分教师重理论轻实验的现象，对于实验教学不够重视，由此造成实验教学成为物理教学中的薄弱环节。还有一些地方的教师在对待实验教学的态度上，采取以讲代做的方式。这严重违背了实验的操作性原则，造成与实验教学的要求严重不符。要改变这种现状，使教学大纲上所规定的演示实验和学生分组实验得以真正落实，就必须强化对实验教学价值的认知，从观念上做出转变，促使实验教学得以重视。

1. 强化实验教学，是优化教学效果、实现素质教育和教学模式转变的基本手段

基于中学生的特点，他们已具备从形象思维转向抽象思维的能力。虽然这一阶段，抽象逻辑思维得到了较为快速的发展，但形象思维仍然起着支持作用；与此同时，中学生思维发展的特点表现在思维的独立性和批判性上，虽然有一定程度的发展，但在认识能力上还有待提升，表现在认识的主观性和片面性方面，尤其以表现性的认识为主。中学生的思维尚处于过渡发展的阶段，其思维能力有一定的提升空间。这就需要在学习中辅以一定的形象思维，以帮助其思维模式的成功转型，顺利过渡到完全成熟的抽象思维。

学生从生活、社会实践中获取感性思维的机会较少，只能通过学校的学习活动来获得主体参与的体验机会。这就需要教师更好地帮助学生把握这一机会。在课堂教学中，精心设计实验环节，充分发挥物理实验对眼、耳、口、手、脑综合锻炼的作用，鼓励学生积极参与，在实验观察与体验中，了解物理知识形成的过程，深化对物理知识的理解与运用。与此同时，通过实验操作，开阔学生的视野，增强创新意识。参与实验的体验过程，还有助于加深对知识的记忆。从人的记忆规律来看，记忆是获得知识的基础，而记忆的获得与材料紧密相关。研究表明：仅仅依靠听，获得的记忆为 15%；而在听的基础上，辅之以看，记忆内容可提升至 25%；而如果听、看、做的行为同时进行的话，记忆内容可达 65%。由此，足以证明体验的重要性。而实验就是最主要的体验

形式。所以，在教学中加强实验内容尤为必要。

此外，处于中学阶段的学生，充满着强烈的好奇心与求知欲，实验操作能够很好地满足他们的需要，尊重他们的主体地位。从这一点出发，在进行教学设计时，就要求教师立足学生的特点与需求，在物理教学中融入生动有趣的物理实验，将枯燥的物理概念与理论的知识，与学生感兴趣的实验形式结合起来，以调动学生学习的动机，实现由"要我学"转向"我要学"，进而提高物理教学效率。

2. 强化实验教学，是教育与时俱进，全面实施素质教育的关键

现代社会对人才的需求已发生了巨大的变化，其中，对于实践能力和合作精神的要求，是较为明显的两个方面。而对于实验教学的强化，是培养实践能力的重要形式。以物理实验为基础的实践活动，为创造意识的形成提供了条件，成为体现创造性的载体。作为新时代的教育者，教师必须从培养学生全面发展的角度出发，围绕学生的主体设置明确的教学目标，发挥教师对学生的引导作用，调动学生参与实验活动的积极性，通过对实验过程的自主探究，培养学生科学严谨的实验态度，让学生在体验与感悟中获得实验操作的技能，以及解决问题的方法，使物理知识"从学生中来，到学生中去"，让实验成为发展学生思维与品质的重要途径。

实践证明，只有在具体的实验教学中，才能使学生在获取物理知识的同时，潜移默化地形成良好的科学素养。同样，只有加强实验教学，才能有机会培养出具有超强实践能力的学生。这是学生未来成长与发展，以及适应社会发展所必不可少的一种能力。在物理教学中，可从以下几方面做到对实验教学的强化。

（1）重视演示实验，提高课堂教育教学质量

演示实验是物理实验中的一种形式，具有形象真实、生动有趣的特点。演示实验的作用在于通过直观演示的形式，为学生营造出具体生动

的物理情景，帮助学生形成物理概念，得出物理规律，强化学生对知识的认识和理解。正所谓"百闻不如一见，百看不如一做"。

物理成绩优秀的学生，其悟性一般都不会太差。悟性能力源于学生对日常生活丰富的感性认识。而物理成绩稍差的学生，其智力水平并不见得比成绩优异的学生水平低，之所以成绩不理想，与他们缺乏对日常生活的用心观察有关。没有直接的体现，头脑中便不会形成感性经验，而这恰恰是物理思维的基础。所以，作为物理教师，要在教学过程中，尽可能向学生呈现丰富多彩的物理现象。光做好教材大纲规定的演示实验是远远不够的，教师还要重复挖掘和利用身边一切可利用的资源，如教材上的一段话、一幅插图、一道习题等，都可以作为实验演示的突破口。与此同时，演示也不应拘泥于固定的形式，无论是"教师演，学生看"，还是"教师导，学生演"，或边学边演等，都可以进行适当的尝试。

（2）认真上好分组实验课，培养学生的思维能力和操作技能

分组实验，是培养学生合作意识与探究能力的有效途径。中学物理分组实验多以测量性和验证性实验为主。提高分组实验效果的关键，在于激发学生的参与意识，以及调动学生眼、手和脑的协调并用。现代教学的意义，不在于教师教学任务的完成，而在于通过一定的教学活动，引起学生思想或行为上的变化，体现在认识、理解、技能、态度等方面。学生在教师的引导下，积极主动地参与实验，发挥思维的创造性与能动性，便能够获得对知识的深刻体验。

通过分组实验教学，学生基本能够达到对知识较好掌握的教学要求。其前提是教师必须做好充分的教学准备，以保证实验的科学性和合理性。与此同时，教师还需要循循善诱，鼓励学生发现并总结实验技巧。在分组实验之前，教师要从学生的实际情况出发，考虑到学生仪器设备使用中可能遇到的问题，或是实验操作中的重难点，教师要提前做好铺垫，进行必要的引导；对于学生在实验中遇到的突发问题，也要及

时地给予适当的帮助。不仅如此，教师还应该强化对学生实验精神、责任意识的培养，在实验过程中，致力于学生良好实验习惯的养成，从仪器设备的使用规范，到实验操作的严谨性、数据搜集的精确性，到实验完成后对仪器设备的整理归位，再到最后的分析反馈，总结实验结果，发现问题及时补救，等等，都应该成为学生自觉性的行为。

（3）充分利用教材中的小实验，训练学生的动手能力

教师要重视教材中的一系列小实验，不能忽视这些小实验的作用。而在实际的物理教学中，存在一些教师对于这类小实验视而不见，或将它们视为课外知识，认为其与考试无关，故而不需要花费时间的现象。殊不知，这些小实验却往往具有取材容易、贴近生活、直观明了、便于操作的特点，之所以设计这些小实验，其出发点是巩固与之相应的课程内容，便于更为形象、直观地理解并掌握所学知识内容。与此同时，这些实验具有较强的趣味性，能够增强学生物理学习的兴趣，源于生活、用于生活的实验，更能够激发其学习的动机。此外，通过实验的操作，还能够锻炼学生的动手能力和思维能力。

（4）实验室对学生开放，给学生创造更多的动手机会

中学阶段的学生，其思维敏捷、充满求知欲，但是由于个体差异性的存在，在兴趣爱好、知识能力、性格特点等方面都表现出因人而异的特点。体现在物理学习方面，主要表现为一些学生不满足课堂演示的实验，他们有着更渴望自己动手，以满足其强烈的好奇心与操作的欲望；还有的学生想体验实验的过程，但畏惧失败，害怕因实验失败而受到他人讥笑。针对这些想实验或想独自实验的学生，实验室是不错的场所，既提供了实验的条件，给予学生施展能力的机会，又能够让害怕失败的学生得到锻炼。因而，学校实验室应该对学生开放，为学生动手能力及思维培养提供锻炼的平台，让那些对实验操作感兴趣的学生有用武之地；有条件的学校还可以成立科技兴趣小组，鼓励对实验感兴趣的学生自由参加，不仅能够强化实验操作程序，还能够充分激发学生的创造天赋及操作能力，极大地增强物理学习的兴趣。

（四）物理实验的分类

1. 按实验操作形式划分

（1）演示实验

演示实验是穿插于课堂教学过程中的用于对教学内容辅以补充性作用的一种实验形式。一般由教师操作完成；或是由学生充当教师的助手，辅助教师完成；或是学生在教师的指导下，在全班同学面前完成实验操作。教师引导学生基于演示实验进行观察和分析，一方面能够调动学生的学习兴趣，另一方面能够让学生通过直观的实验体验，对知识形成感性认识，从而深化对物理概念和规律的理解，同时还能够培养学生的观察与思维能力。

实验的演示是教学的一部分，其目的在于帮助学生将抽象的物理知识形象化、生动化，让学生对规律的形成有一个理性的认知，便于对知识的理解和掌握。通常，在课堂中所进行的实验演示，操作都不会太过于复杂，旨在让学生通过实验的观察，获得一定的规律认知。作为教师，要保证实验所呈现的现象明晰、直观，便于学生观察，也要与教学内容有一定的关联性，能够充分说明问题所在。

（2）分组实验

简单来说，就是将学生分成若干小组进行实验操作的活动。分组实验要求教师根据教学大纲的要求及课程标准的规定，科学合理地设计实验内容，引导学生确定实验操作程序和操作步骤，进而有计划地训练学生实验技能和习惯。分组实验突出了学生的合作意识和自主探究的精神。任何教学活动都不应该是对学生的放任不管，分组实验教学也是如此，虽然这一教学形式赋予了学生充分的自主权，但作为教师，也应该对学生们的实验过程进行适当的指导或帮助。鼓励学生独立完成实验操作，处理实验数据，还要引导学生对实验现象或结果做出适当的分析与总结，得出实验结论。

通过具体的实验操作，能够让学生了解基本实验仪器的构造、原理，学会仪器设备的使用，熟悉实验操作的程序和基本流程。分组实验的目的在于引导学生自主探索和验证物理规律。其价值在于既是培养学生探究能力与实验精神的主要途径，也是发展学生创造思维和进行科研启蒙教育的重要途径。

2. 按实验内容划分

（1）探究实验

探究实验一般是以学生的自主探究为主要形式的实验教学，主要是为了引导学生探索、发现物理规律，在探究中获得知识。探究实验一般由教师提出或在教师引导下由学生提出问题，设定好实验方案，在实验过程中给予学生充分的自主性，让其自行操作，在观察测量中完成实验，分析实验现象与结果，从而归纳总结，得出结论。

（2）验证实验

验证实验是对已有的规律及定律，通过实验的方式进行求证的过程。这类实验安排在相关的知识内容的学习之后。通过实验验证，对所收集的数据进行定量分析，从中得出结论。将所得结论用于与所要验证的定量的比较，看是否符合，若有出入，找出原因，加以修正，从而实现知识的巩固。这便是验证实验的目的所在。

（3）训练实验

训练实验的教学目的在于让学生了解基本的测量仪器的操作与使用规范，熟悉实验操作的程序和步骤。物理实验中，常见的实验仪器有游标卡尺、打点计时器、万用电表、示波器等。在进行训练实验时，需要强调各类仪器的操作规范，让学生熟悉并掌握正确操作和使用的方法和步骤，至于仪器的工作原理，了解即可。

（4）测定实验

测定实验是为测定某一物理常数或物理量而进行的实验，这类实验的目的是让学生运用已经学过的知识和熟悉的器材，测定某些物理常数和物理量。例如，测定物质的密度、测定重力加速度、测定介质的折射率的实验。这类实验要求学生理解实验所依据的原理，明确实验的条件、步骤和过程。由于某些不可避免的客观因素的存在，故而允许所测量数据与真实数据存在一定的误差，只要误差在合理的范围内即可。

（5）设计实验

这是一类开放性的实验，是按照实验目的及要求，自行安排的实验，能够最大限度地调动学生思维的能动性和创造性。这类实验对学生能力的要求较高，可作为选修性质的实验课程，供学生根据自身能力自由选择。教学大纲对这类实验没有具体规定。

二、中学物理实验评价指标

教学评价是检测教学效果的手段。通过评价，发现教学中存在的不足，能够促进教学的改善。教学的主要参与者为教师和学生，此外，还有教学目标、教材等内容，评价不仅是对教师和学生的检测，也是对教学目标达成度的检验。可以说，教学目标是检测的依据，教学目标的科学与否，直接影响了评价的质量。所以，教学目标是进行科学的测试、做出客观评价的前提和基础。评价有多种形式，无论是诊断性评价，还是形成性评价，抑或终结性评价，都应该围绕教学目标展开。通过精心设计教学目标，便于学生以此为准绳，在教学目标的指导下，合理安排学习内容，努力达到教学目标的要求，也便于评价自己的学习，找出自身与教学目标的差距，进而发挥学习的能动性。同时，教学目标也是测量、评价教师的教学质量和教学效果的尺度。基于物理学科的实验教学评价，是在教学评价基础上的具体化。它既是对学生物理知识掌握情况的考查，也是对学生物理实验操作技能、方法的考查。

（一）传统物理实验的评价考核方式

长期以来，中学阶段对物理实验的评价，主要借鉴的是一般的教学评价的形式。具体方法是给定相应的实验情境，学生基于这个情境进行实验操作，教师根据学生的表现给予一定的评价，主要是对学生实验理论的掌握和操作能力的评判。物理实验的考核方式主要有以下三种。

1. 口头实验考核

这一考核方式突出表现在语言和思维层面，是通过语言呈现某些问题的情境，要求学生对此做出判断、分析、解释，从而对学生的实验知识和技能做出相应的评价。口头考核的最主要形式便是师生交流，师生间就某一问题进行沟通与交流。教师在与学生的交流中，能够了解到实验中所存在的许多细节性的要素，这些都无法通过书面形式表达清楚，从而对学生做出较为全面的评价。

相较于其他形式的评价，口头实验考核具有简单灵活的特点，尤其适用于检查学生的实验准备情况。口头实验考核的不足在于只能是基于理论上的评价，无法检验学生的实验操作技能，而且这一考核形式受主观因素的影响较大，其真实性和准确性有待考究。

2. 书面实验考核

书面实验考核是一种以卷面考核为主要形式的考核方法，其考核内容主要是以相应的文字、图表、符号等情境呈现出来，要求被考核者针对给定的情境和要求，完成对实验内容的表述。教师根据学生的作答情况，对其实验技能做出一定的评判。

实验报告和纸笔测验是书面实验考核的两种主要形式。实验报告较为详细地呈现了实验的整个程序与流程，不仅包括实验目的、实验原理、实验过程与步骤、数据结果，还包括对实验现象和结果的分析，以及所得出的结论与心得体会。这些都构成了书面实验考核的重要依据。其不足之处在于，实验报告是在实验完成之后形成的，是对实验过程的补充和完善，因而具有滞后性。这就难以保证实验报告的真实性和实验过程的一致性。

书面实验考核能够在某一程度上直观地反映出学生的实验水平，且因其成本低、效率高，故而是一种使用频率较高的考核方式，但是"纸上得来终觉浅，绝知此事要躬行"，尤其是物理实验，更需要亲自动手操作，而书面实验评价缺少对必要的实践操作过程的考查，因而难以获得对操作技能的真实评价。

3. 实验操作考核

实验操作考核较之以上两种考核形式，其考核的重心在于对学生实验操作过程的考查。它是通过设置特定的实验情境，让学生按照要求，参与实验的操作过程，教师根据学生的实验程序及步骤，从操作的规范性、准确性等方面，对学生实验技能水平进行考核评价。

实验操作考核的方式是以观察法为主，即教师观察学生实验操作的每一个环节，根据学生的实验表现，在以相应的标准为依据的基础上，给予学生客观真实的评价。观察法能够直观且及时地反映学生的实验操作能力，因而具有较高的信度和效度。

虽然传统的物理实验考核评价在一定程度上能够反映学生物理实验理论及操作技能水平，但其过于注重实验的结果，而忽略了知识的建构及实验的过程；只关注学生的认知和操作，却忽略了对实验中所蕴含的态度、精神、情感的关注。

教学评价的目的在于从评价中获得反馈信息，用于指导教学；实验评价也不例外，是要基于评价，从评价中发现问题，在解决问题的过程中获得发展，提高物理实验操作能力和实验素养。因此，实验评价，也必须以认知、操作、情感为目标。

（二）基于学科核心素养的探究性实验教学评价指标的确定

任何评价方式的建立，都离不开一定的标准，而评价指标是目标的具体化，因而物理实验评价是建立在一定的评价指标基础上的。

1. 评价指标的确定

《义务教育物理课程标准》（2022 年版）将物理学科核心素养概括为四个维度。因此，在基于学科核心素养评价物理探究实验时，可从物理概念、科学思维、科学探究以及科学态度与责任四个维度进行探讨，每个维度又可细化为若干要素，由此构成一个相对完整的物理核心素养指标体系，如表 3-2 所示。

表 3-2　物理核心素养指标体系

维度	要素
物理观念	（1）物质观念 （2）运动与相互作用观念 （3）能量观念
科学思维	（1）模型构建 （2）科学推理 （3）科学论证 （4）质疑创新
科学探究	（1）问题 （2）证据 （3）解释 （4）交流
科学态度与责任	（1）科学本质 （2）科学态度 （3）社会责任

2. 评价指标能力层次的确定

在教育目标分类理论中，布鲁姆将教育目标分为认知、动作技能和情感二个领域，并将三个领域细化为能力要求逐步提高的多个层次目标。再结合物理学科核心素养的思维目标及具体的课程标准，可归纳出各维度目标相应的能力层次。

（1）物理概念能力层次

物理概念是在物理学视角下形成的有关物质、运动与相互作用及能量等的基本认识。其属于认知领域的范畴，因而，可认为其与核心素养目标中知识与能力目标属于同一层次，因而可将物理概念归为认知领域。根据课程标准中对知识目标的水平划分，我们将物理概念的能力层次划分为"了解""认识""理解""应用"和"独立操作"五个能力层次。

（2）科学思维能力层次

科学思维是学习和运用物理知识和方法所必备的能力，是对过程与方法目标的提炼和发展。因此我们认为课程标准中要求的三维目标当中的过程与方法，与我们所说的科学素养维度中的科学思维处于同一个层次，而模型与建模被大多数发达国家的物理（科学）课程纳入认知要求、实践要素以及跨学科共通概念之中。由于科学思维考查的是学生的综合能力，因此可以将物理思维划分到认知领域中的后三个能力层次，分别为理解、应用、独立操作。

（3）科学探究能力层次

课程标准中三维目标中的过程与方法目标正是让学生经历科学探究过程，学习物理学的研究方法，这与物理学科核心素养中的科学探究目标恰好一致。因此我们认为，科学素养维度中的科学探究与三维目标中的过程与方法目标处于同一个层次。因为科学探究既针对学生的实验设计又包括学生的实验操作，所以我们将科学探究中的实验设计部分划分为理论知识的评价领域，而将实验操作部分划分为动作技能领域。

（4）科学态度与责任能力层次

科学态度与责任是在情感、态度与价值观目标的基础上加入了科学本质、科学伦理、社会责任三个方面的要求。因此笔者认为，物理学科核心素养维度中的科学态度与责任与三维目标中的情感、态度与价值观目标处于同一个层次。因此可以将科学态度与责任划分为情感领域。将科学态度与责任的能力层次划分为"经历""反应"和"领悟"三个能力层次。

三、基于核心素养的中学物理创新实验教学案例分析

（一）基于学科核心素养的物理实验教学策略

1. 分组实验，促进学生协作交流

在中学实验教学中，分组实验是大部分教师采取的主要实验形式。分组实验不仅能够锻炼学生的实验操作能力，更重要的是还能培养学生合作探究的意识，有助于科学品质及能力的养成。

（1）分组实验，重视探究、培养能力

教师根据实验教学的需要，并结合学生的实际情况，将学生分为若干小组，以小组为单位开展实验活动。分组实验最大限度地给予了学生

充分的自主性，让学生自由发挥，积极参与实验的过程。在小组实验中，每个人既是参与者，亲自动手操作，也是旁观者，观看小组内其他成员或其他小组成员的操作，实验体验更为丰富，这样，在互帮互助、合作探究的过程中，每一个学生的实验能力以及核心素养都能够得到有效锻炼和提升。分组实验的形式是灵活的、开放的，氛围是活跃的。在这样的环境背景下，学生的思维能动性、创造性能够得到最有效的激发。

（2）培养创新意识，提升自身素养

由于教学条件的限制，每所学校提供实验教学的情况存在差异性，但不能以此为借口，就放弃大纲所规定的一系列实验。物理是研究自然现象与规律的学科，其科学性表现在能够经受实验的检验。实验对于物理学科来说，是不可或缺的重要部分。有条件的学校要最大限度地利用实验教学资源，而条件较差的学校也应该重视实验教学，在充分利用现有仪器的基础上，挖掘身边可利用的其他实验资源。而分组实验能够节约资源，给予每个学生参与实验的机会，而且分组实验可促进学生思维发散，"一千个读者就有一千个哈姆雷特"，通过对不同学生所提方案的综合，可产生许多创新性的思想。而且，通过小组讨论，能够更好地促进实验方法的创新。

（3）小组实验注重反思，注重科学态度的培养

基于传统的教学模式，教师常采取以讲代练的方式，这种重理论传授的方式，无法真正培养学生科学严谨、实事求是的实验态度。而以小组为单位的分组实验，既能够让小组成员间相互配合与监督，以促进问题的发现和解决；同时，教师也可以在实验后对小组实验进行评估，能够及时发现小组成员在操作中的问题，如操作不规范、对数据的记录不真实，或是误差太大等，这些都是影响操作能力、科学思维，以及科学态度的因素。通过设置实验后的反思环节，有助于让学生发现自己的问题，从而摒弃固化思维，形成善于质疑、敢于验证的精神。

教师设计了一种用弹簧测力计测物体受到浮力的分组实验，用以区分两种密度相接近的清水和淡盐水。

学生在实验后发现，用该方法并不能区分出清水和盐水。于是教师引导学生思考实验的原理、观察实验器具的刻度、分析引起实验误差的原因。经过交流，学生认为该实验的原理是正确的，只是由于重物的体积较小，在清水和盐水中受到的浮力差距不大，弹簧测力计分度值太大，读不出差值，所以实验不能成功。教师又引导学生从改用分度值较小的弹簧测力计或改用体积较大的物体入手，选择新的实验器具重新实验，达到了区分两种液体的目的。

教师也可以设计让学生用普通量筒区别质量相同而密度相近的两种液体（或两个固体）的实验，学生通过实验后用取得的数据，分析、判断出用该方法也不能区分两种物质。学生通过分析，改用分度值小的量筒或改为先测体积后比质量的方法区分出两种液体。通过这些实验，不但培养了学生的观察能力、动手能力、想象能力、逻辑推理能力、归纳总结能力和交流合作的能力等，还让学生懂得设计的实验既要符合科学性原则，更要注意可操作性。

2. 转变教学观念，提高实验兴趣

无论是教师还是家长，都应该摒弃这种传统的狭隘思想，将注意力放在学生的全面发展及能力的提升方面，而非单一的分数。注重学生情感态度的丰富及物理思维与态度的培养。

除此之外，还应该注重培养学生将物理知识用于解决实际问题的能力。在苏科版八年级上"引言"中，课本安排了四个有趣的演示实验和分组实验，认真做好这几个实验，能有效地激发学生学习物理的兴趣，提高教学的效率。例如，在做两支蜡烛燃烧的实验后，此时教师应因势利导，将两支蜡烛的实验深化，问：①如果将这两支蜡烛放进上端开口的圆筒里，两支蜡烛会怎样燃烧？②如果将这两支蜡烛放进更细一点的250毫升的量筒中会怎样？要让这两支蜡烛燃烧，可以采取什么方法？

在学生充分发表自己的意见后，教师适当地进行点拨，使学生认识到同样是蜡烛在燃烧，但燃烧条件不同结果会不一样，从而告诉学生"为了解开这些物理之谜，在探究物理现象的过程中，我们应该勤于观察，勇于提问，善于探索，联系实际"。

3. 理论与生活结合，满足实验资源供给

物理与生活的联系是颇为紧密的。生活中很多现象都可以用物理知识来解释，同样，生活中的某些情境，也可以用于辅助理解物理实验及现象。在物理实验教学中，引入生活化的实验情境，使得物理现象或原理更加具体化、生动化，学生通过对实验的直观感知，以及直白的生活现象的描述，能够更透彻地理解和掌握知识点。

理论与生活结合，对于物理实验尤为重要，需要引起教师和学生的注意。在基于核心素养的物理研究实验中，强化理论与生活的结合，能够促进学生思维的活跃，以及对知识的运用能力。一方面体现了从实验中探究现象的本质，另一方面又是将物理本质运用于指导实践，解决生活中的实际问题，实现知识的运用价值。

在实验教学中，教师要有意识地引导学生的发散思维，对于实验中遇到的问题，要尽可能地结合生活经验去解决，中学物理实验器具，有很多是教仪厂生产的，但还有一些教学仪器，应该是教师根据教学内容的需要，用学生身边的文具、家中或生活中随手可找到的废弃材料拼凑制作而成。例如，教师让学生自制乐器，有的学生用竹子、塑料管做了哨子、竖笛；有学生用几根橡皮筋做成了高低音不同的"筝"；有的学生用纸做成鼓，竹筷绑上布条做成锤，当堂敲击大小不同的鼓，发出不同频率的声音。又如，在课堂上教师可以让学生用铅笔研究：①压力、压强；②滑动摩擦和滚动摩擦；③铅笔痕迹是由不连续的颗粒组成的；④电阻的大小与长度的关系；⑤做成密度计，研究浮力；等等。再如，学生用纸研究：①比较纸片下落的快慢；②测量纸片下落的速度；③惯性；④流速和压强的关系；等等。

教师在用自制的器材演示时，应该告诉学生自制器材的制作过程，一是让学生体验到教师为教学做出的努力，二是让学生知道研究物理规律并不一定要精密的仪器，只要用这些仪器做出的实验，能说明物理道理、研究出物理规律即可。教师应该积极主动地将生活融于实验教学，设置生活的实验目标和方式，激发学生的实验积极性和创造性，从而提高物理实验教学的有效性。

4. 演示实验操作，激发实验活跃性

演示实验具有简单、直观且生动的特点，若用于新课导入，有助于调动学生的兴趣，将学生的注意力吸引至物理知识的学习上；而在物理概念规律的讲解中辅以演示实验，不仅可以活跃课堂氛围，通过真实情境的还原，更有助于学生在实验观察中加深对知识形成过程的理解，进而提升教学的效果。由此可见，演示实验是物理教学中必不可少的，是常见的一种教学手段。

演示实验并不是教师的秀场，进行演示实验的操作除了教师个人，还可以是某一个学生在教师的指导下独立进行，其他学生作为观众，观看实验的整个过程；或是师生共同完成实验演示。在这一过程中，学生在教师的引导下，观察现象，进行现象的思考和衍生，进而发现问题，在对问题的分析与思考中得出结论，最后对所得结论进行反思，通过这一系列过程，有助于启发学生的思维，促进学生对物理规律的发现和认识，培养学生的综合素养。例如"研究气泡在充水玻璃管中运动规律的实验"，教师设计的实验方法如下：

（1）取一只内径1厘米的玻璃管，管中充水并留有一个水泡，翻转玻璃管，让学生看气泡在水中上升。由于玻璃管的内径较大，水中的气泡上升很快，达不到观察匀速运动的教学要求。这时教师引导学生提出问题：水泡上升运动的速度很快，它是不是做匀速直线运动？水泡上升运动的速度很快，是不是因为管子的内径太大了？如果换用油来做实验，效果是不是会改变？有学生提出：若用油做实验会造成污染，建议将管子的内径改小后还是用水做实验。

（2）教师取出第二只玻璃管，翻转玻璃管让学生观察气泡的运动情况。看起来气泡在管内是匀速向上运动了，但怎样才能确定是匀速运动呢？有同学提出在玻璃管上每隔10厘米做一个记号，记录气泡通过每一小段距离所用的时间，加以比较就可以确定了。

（3）教师取出第三只玻璃管，上面做上了记号，组织学生记录气泡通过每一段的时间，记在画出的表格中并算出各段的速度。最后经过交流，学生掌握了匀速直线运动的概念、测物体运动速度的方法、速度的

计算等知识点。这个实验的教学过程虽然用时较多，但整个实验过程体现了科学探究的过程，尤其是当一个学生指出用油做实验会浪费并污染环境后，有学生说可以用排油烟机中接下的油做实验，管子的两端密封起来，不仅不污染环境，还可以多次使用。这一点已经超出该知识点的范畴了。

演示实验在物理教学中具有如此重要的作用，作为物理学科的教师，不仅要重视，而且要强化演示实验的效果。

5. 利用多媒体设备，辅助实验理解

多媒体设备利用，即在传统的教学过程中，借助计算机多媒体的相关功能为教学服务的一种教学模式，能够为教学提供人机互动的交互环境，是一种相对来说较有进步意义的教学形式。多媒体教学是对传统教学模式的改革，是一种新型的教学手段，能够在一定程度上弥补传统教学模式中的不足。其主要操作是通过组织课件，并以计算机为载体，来向学生呈现丰富的教学内容的教学形式。在这种教学模式下，学生不仅能够自主学习，还能够与他人或教师形成交互关系，有助于团队意识、合作意识的养成。

比如，八年级"天平和量筒的使用"一节，应用多媒体展示它们的使用细节，一目了然，学生特别容易接受。之后的"密度"教学，可以使用投影展示同体积不同物质、同物质不同体积的物体，学生通过实验操作获得数据，师生共同进行分析、总结归纳，最后得出结论。这样可以很好地对师生的探究过程及结果进行共享、讨论，更好地合作学习，形成好的学习方法，培养好的学习精神和习惯。

当前，各学校都已引进了现代教学技术与设备，并运用于教学实践之中。在物理教学中，对多媒体的运用，已并不罕见，如伽利略的斜坡实验的教学，实验条件是坡面足够光滑。这是一种理想的实验状态，现实中很难达到这种状态，而利用多媒体，通过 PPT、几何画板工具，就可呈现出小球沿光滑斜面滚下来做匀速直线运动的画面。再如，宏观的实验，这无法在现实中通过实验进行具体操作，这时候多媒体就发挥了巨大的作用，利用多媒体播放原始画面，将国家进行的航天研究演示给学生观看，不仅能够很好地完成教学的目标，还能够激发学生的科学精神，激发学生物理学习的动机。

6. 课后实验设计，巩固课堂实验

课后实验是教师结合课堂教学的内容，鼓励学生在课后发挥思维的能动性与创造性，根据所学知识，自主设计实验，自制实验设备，通过独立完成或是在家长的辅助下完成实验操作，达到巩固知识的目的。物理实验是物理教学的一部分，因而，大部分教师一般都会在课堂上进行实验演示或实验教学，很少有教师安排学生进行课后实验，即使给学生布置了课后实验，也没有强制要求学生必须完成，因而，很少有学生主动去完成。这就需要教师在教学中有意识地去引导，培养学生自主学习的意识。

课后实验一般可分为两类：一类是基于当堂实验，并对其进行延伸，设置这类实验，目的在于对课堂实验的巩固和扩展。这类实验的操作过程一般都不会复杂，实验要求也较简单，实验器材通常是生活中随处可见的，或是需要动手自制的，因而不会花费太多的时间和精力。另一类是课堂实验的延续。也就是说，这类实验本应在课堂完成，但由于时间把控不合理，需要在课后继续完成。这类实验一般是具有探究性且具有一定意义的实验。

无论是哪一类的课后实验，只要认真对待，都能够对知识起到一定的巩固作用，而且，这类实验一般操作简单、趣味性较强，学生对于这类实验一般都是感兴趣的，教师要善于引导和利用这类实验，对学生进行思维的训练，培养其创新意识，以促进整体核心素养的提升。如要求学生运用所学的温度计的使用方法，记录一个星期内（至少3天）的气温变化，并把记录结果填入表格；或是利用体温计测量记录自己的体温，填入表格。

强化课后实验，还能够加强教师、学生、家长之间的联系与协作，促进学生在与他人的合作互助中学会交流与分享，在讨论与沟通中提高分析问题、解决问题的能力，增强学生的成就感，提升思维能力。

（二）基于核心素养的中学物理创新实验教学案例分析

基于核心素养的物理实验教学策略的分析，笔者以中学物理"连通

器"一节为例，来进一步阐释核心素养与实验创新在教学中的融合。

从对教材内容的分析来看，"连通器"这一节内容设置在学生学习了压强和液体压强的知识点之后，已有一定的知识储备和认知。从本节内容设置的意图来看，可看作液体压强相关内容的延续及强化，更重要的是培养学生将所学知识运用于实践，解决实际问题的能力。

教学大纲对本节内容并未提出具体的要求，但是新课标要求学生应了解压强在生产生活中的应用。由此可见培养学生知识迁移能力的必要性。基于以上分析，笔者以连通器为例，将其作为压强知识的拓展与延伸。

从教材内容和体系的安排来看，"连通器"一节的内容包括连通器结构的介绍及原理，通过实验探究连通器里装同种液体时的液面特点。在内容的编排上，也辅以生活中的典型案例，对连通器的运用加以介绍。在对教材内容熟练把握的基础上，结合学生实际及教学要求，笔者将教学过程划分为四个环节。同时，又根据每一环节的教学目标和要求，进一步细化。具体过程如下。

1. 感知物理概念——探究连通器结构环节

（1）情境创设，引入新课

作为新课的开始，激发学生的兴趣，吸引学生的注意力是尤为关键的。这就要求教师掌握一定的新课导入的技巧，通过良好的教学情境的创设，最大限度地调动学生的积极性，并将学生的思想引入特定的学习情境中，从而保证课堂教学的有效性。笔者建议，对于连通器的实验教学，可以采取多媒体和演示实验相结合的方式，过渡到新课的教学。这样，既能够渲染气氛，达到激发学生的好奇心和学习热情的目的，还能够强化实验在物理教学中的地位。

（2）新知讲解，理解概念

概念是抽象的，是客观存在的事物的本质属性在人脑中的反映。基于核心素养的物理概念，是知识的内化，也是其他三个核心素养的基础。在物理概念的教学中，要关注概念的形成、内化及运用这三个方面。教师要引导学生认识概念的形成过程，强化通过探究达到概念的内化，并灵活掌握概念的实际应用。其中，概念形成过程，是学生自我建构和思维能力发展的过程，是概念内化和运用的前提，所以教师尤为关注。在引导学生构建概念的过程中，实验不失为一种更为直观、简单的方法。通过具体的实验，指导学生在"观察—比较—概括—抽象"中不断尝试，以形成科学的概念。笔者建议，在"连通器"实验教学设计中，可以采用类比法、归纳法等，让学生对连通器结构进行对比归纳，为学生概念的形成奠定良好的思维基础。

2. 动手实验探究——探究连通器中各液面的特点环节

（1）分组实验，体验现象

在具体的实验操作教学中，教师可根据教学的实际需要和学生的特点及能力水平，将学生分为若干小组，以小组为单位，进行科学探究的实验过程。需要在教师的指导下，让学生观察并猜测不同容器中盛装液体时液面高度，进而通过实验探究，体验真实物理实验情境，把握实验现象，为下一阶段的物理思维能力的养成奠定基础。

（2）实验探究，体会过程

基于科学的物理实验探究，学生对于不同容器中所盛装液体的液面特征有了一定的了解。在此环节，需要引导学生重视实验探究过程中出现的问题，让学生在反复实验与拓展探究的过程中，不仅强化对实验操作的熟练程度，更重要的是通过不断的实验与探究，提高实验操作及探究能力。

3. 严谨科学思维——探究连通器各液面特点产生原因环节

（1）理论分析，严谨思维

物理实验的目的在于培养学生的科学探究意识和能力，并能在科学思维的指导下，将探究结果用于认识和解决实际的问题。与此同时，对学生实验过程中的操作环节及步骤的考核，以及实验中的科学性、严谨性的态度，乃至解决问题的能力等，都是基于科学探究实验、学生核心素养所要提升的方面。在本环节中，可以将学生对实验现象的理论分析作为教学设计的重点，这也是连通器作为液体压强知识应用环节的关键体现。

（2）实验验证，突破难点

不同的教学环节中，教师引导学生的关注点是不同的。上一环节中，教师重在引导学生对研究对象选取、研究状态选取和理论知识联系三个方面的科学思维训练。同时，通过情境转变和重点因素变化，让学生根据变化的情境，灵活地运用所学知识，进行适当的分析。本环节中，通过在连通器不同容器中装入水和油两种不同的液体，帮助学生突破连通器中液面特点的难点，让学生对连通器中液面静止时液体的条件有更加深入的认识。同时也为学生将来面对不同液体条件时，对压强大小和实验现象预设有更加深刻的认识。

4. 明确科学态度与责任——探究连通器应用环节

（1）综合分析，能力提升

物理是一门运用科学理论指导实践的学科。物理学习的根本在于掌握物理现象和规律，进而用于解决实际问题。因而，科学态度和责任是必不可少的，对于物理学习至关重要。科学态度是探究科学本质所必需的本质，它是指："认识科学本质，理解科学、技术、社会与环境关系的基础上，逐渐形成对科学和技术应有的正确态度及责任感，主要包括科学本质、科学态度、社会责任等要素"；科学态度和责任是核心素养的重要内容。本环节通过引导学生关注连通器在生活中的具体应用，特别是在三峡大坝船闸中的应用，不仅有助于学生对连通器原理及特点的进一步认识和巩固，而且有助于增强学生的爱国主义意识，强化对学生的爱国主义教育。

（2）应用拓展，素质提升

科学态度与责任不仅是核心素养的重要组成部分，也是物理教学的发展方向。对学生科学态度与责任的培养，必须坚持过程性导向，将科学态度与责任的培养贯穿物理教学始终，并持之以恒。不仅如此，还需要教师善于在教学中创设情境，不遗余力地为核心素养的培养创造有利条件。

第四章　中学物理教师专业发展

第一节　物理教师的职业特点

教师劳动是社会总劳动的一个重要组成部分。教师的劳动是一项特殊的、复杂的、艰苦的、创造性的劳动。这种劳动为社会创造精神财富、传播和延续人类文明，推动着社会发展和人类的进步。教师劳动的性质、任务、对象、手段、方式、过程、成果的特殊性和人才成长周期长的特点，决定了物理教师劳动的职业特点。

一、物理教师劳动的复杂性

首先，教师工作的对象是复杂的。教师工作的对象不是无生命的自然物质材料，也不是一般的动物，而是具有一定自觉意识的，有感情、有理智、有个性的，作为社会整体一员的活生生的人；是年龄特征不同，个性特点各异的一代青少年。他们来自四面八方，千家万户，每个学生就是一个特殊的世界。在教师劳动过程中，既要按统一的标准来培养学生，又要注意学生的个性差异，提出不同的要求，采取不同的方法，区别对待，因材施教。

另外，教师劳动对象的复杂性还表现在影响学生成长因素的多异性。学生天赋及身体条件的差别，家庭与社会环境的不同，原有学习兴趣、习惯、能力的区别，以及与教师和班集体的关系等，这些都对学生的学习和思想发生影响，因此教师不是学生的唯一教育者。面对复杂的劳动对象，采取集中同时教育的方式，使他们在同一时间、同一条件下都充分发展，确实需要教师具有高度的聪明才智，进行大量艰苦细致的工作才能完成教育教学任务。而对物理教育来说，在动手进行实验探索的兴趣和能力上，还具有性别差异的干扰。所有这些工作对象的复杂性，成为教师职业的一个显著特点。

其次，教师工作的内容是复杂的。教师的劳动是培养人的劳动。教师的根本任务是把学生教好，也就是说，要使每个学生德智体美劳全面发展，成为社会主义事业的建设者和接班人。教师既要教书，又要育人；既要传授知识，又要发展学生的智力、能力。

教师工作内容的复杂性还表现在合格人才的培养上，向教师提出了一个无限量的时空要求。为了培养合格的人才，教师要争取一切时间和空间，深入教育对象的活动范围，使正确的教育因素在教育对象的所有时间和空间发挥作用。

再次，教师劳动的过程是复杂的。教师劳动的过程，是一个运用智力的过程，是一种综合使用、消化、传递、发现科学知识技能的复杂的脑力劳动和体力劳动。而且在教师的劳动中，学生不仅作为劳动对象出现，同时也作为劳动的主体而出现，学生不仅是教育的客体和对象而且作为教与学的主体，教师劳动的效果、成败，不只取决于教师的努力和能力，也取决于学生的努力和能力，因此教师劳动的过程是极为复杂的。

最后，教师劳动的能力需要也是复杂的，包括教师分析和处理教材的能力、讲解的能力、使用教学手段的能力等。因此一个教师的劳动所需要的能力是十分丰富和复杂的。对于物理教师来说，其演示实验和实验教学的能力更显得十分重要。

二、物理教师劳动的示范性

从教书育人的角度来看，教师的劳动不同于一般的劳动，表现在教师的思想道德品质、自身的修养在教育教学活动中，会深刻地影响着学生。学生常以教师为楷模，模仿教师的一言一行，这就是教师身教的价值。学生的模仿性强，可塑性大，教师作为一个活生生的形象出现在学生面前，教师在引导学生认识周围世界的时候，他自己也作为周围世界的一个重要成分，参与学生的认识过程。一个有良好品德的教师，他可以在工作中通过自己的言行，把热情洋溢、乐观无畏的进取精神，把好学多思、审时度势的工作作风，把正直诚实、任劳任怨的高贵品质传授给学生。通过这种每日每时的现实关系，耳濡目染，学生会逐渐地学到良好的品质，高尚的道德情操，兴趣爱好等个性品质。因此要高度重视教师思想道德品质的示范作用。

从学生的"向师性"和模仿性角度看，教师的劳动具有示范性。在教师劳动过程中，学生一般都有"向师性"，大凡学生都有尊重、崇敬教师，乐意接受教师教导的自然倾向，都希望得到教师的注意、重视、关怀和鼓励，都希望教师能热情地、认真负责地教育他们，学生这种"向师性"和模仿性的特点，决定了教师劳动具有示范性。从教师的劳动手段上看也具有示范性特点。

首先，教师分析教材、讲解教材过程具有示范性。教师通过对教材和问题的分析，把分析问题和解决问题的思路展现给学生，这对学生学会分析问题的思路具有很强的示范性。

其次，教师在指导学生的各种实践中，也直接体现了教师劳动手段的示范性。

从物理学科的特点看，物理学是一门以实验为基础的自然科学。物理观察方法、实验方法、模型方法、等效方法等是研究物理学和学习物理学的最基本方法。因此物理教师在物理学方法的教学中其示范性作用更为突出。特别是物理教师对待实验特别是演示实验的严谨作风、科学态度、科学方法和操作技能，对于培养学生的实验素养，起着极其重要的潜移默化的示范作用。

三、物理教师劳动的创造性

首先，教育本身就是培养和创造人才的过程，教师的劳动是自觉地、有目的地培养新的一代，使每个学生都得到全面发展。在教师的劳动中，其创造性的特点主要体现在教师的活动没有固定不变的规范、程式或方法可以套用，教师要发挥自己的主观能动性，通过自己对教育方针、培养目标以及教材的理解，针对教育对象的不同特点，按照教育规律，选择或创造最有效的方法来实现教育目的，这种理解、选择、实施的过程就是教师的创造过程。

其次，教育是教师创造性运用教育规律的过程。在实际教学中，物理教师面对复杂的劳动对象，不仅要考虑各个班级学生的不同具体情况，同一班级学生的个性和心理品质的差异，还要考虑每一个学生本身的成长和变化。因此教师的教学内容、教学方式和方法需要不断变化，这就需要教师进行创造性工作。

再次，教师劳动的创造性还表现在对变化了的情况做出恰当处置的教育机智上。教师的教育机智就是能及时根据学生新的、特别是临时突发的意外情况，快速做出反应，及时恰当地采取有效措施的能力。教师的创造性也表现在对教育教学内容和教学方法的不断创新上。教师每年都要根据知识的发展、对象的变化、条件的变化来备课。改进教学方法、提高教学质量应是无止境的。

最后，物理教育教学工作要求教师要有创造才能。教育是一种艺术，是一种塑造完美个性形象的艺术，而艺术的生命在于创造。作为物理教师，要不断研究学生学习物理的心理特点与思维规律，充分调动学生的主动性和积极性。如创设物理学习情境、激发学生的学习兴趣、启发学生思维、促进学生的全面发展。要不断研究教学大纲和教材，根据学生的实际情况处理教材，选择有效的教学方式方法，提高学生物理学习质量和效益。要研究演示实验和分组实验，克服仪器设备上的不足，创造实验条件，发挥物理实验的综合教育作用。要观察学生，了解学生的特点和特长，因材施教，分层次教学，有针对性地加以引导和教育。要以身作则，为人师表，以自己创造性运用知识、观点、方法的具体态度和行动，为学生做榜样。

只有创造性的教育，才能培养创造性的人才。在基础教育阶段要培养学生的创造意识、创造思维和创造能力，使学生学会学习、学会创造，成为社会主义现代化建设急需的创造型人才。

第二节　物理教师的基本素质

一、良好的职业道德

教师的职业道德是教师在教育活动中必须履行的行为规范和道德准则，它是教师道德结构中的主体部分，它在调节教师道德品质中起重要作用。作为一名物理教师，其职业道德集中表现在三个方面，即敬业、爱生、为人师表。

（一）敬业

任何职业道德，都是把敬业乐业、忠于职守作为基本的职业道德要求，人们历来把热爱教育，忠诚教育，作为教师的基本美德，一个人只有热爱自己所从事的事业，才能产生做好工作的巨大动力，才能自觉地动脑筋、想办法，不断提高工作效率和工作质量。

"敬业"要求教师做到：树立崇高的职业理想，把从事教育事业，培养德智体美劳全面发展的社会主义建设者和接班人，作为自己的志向和抱负；拥有对教育工作的深刻职业情感，忠于人民教师的崇高职责，以从事教育工作为荣，以献身教育事业为乐，全心全意搞好教育工作，把自己的全部精力无私地奉献给人民的教育事业。作为物理教师，就是要忠于教育事业，热爱物理学科教育，以喜爱专业、忠于职守的高尚情感感染学生，甘愿为物理教育做出奉献。

（二）爱生

爱生即热爱学生，这是教师职业道德的核心，也是教师忠于人民教育事业的具体表现。充分地尊重学生，由衷地热爱学生，迫切希望他们能够成才，以对学生的尊重、热爱、期望为基础，形成对学生的严格要求和管理。只有热爱学生，才能自觉地去教育学生。

热爱学生不但要关心优秀学生，更要关心后进学生。对后进学生不要厌恶、排斥，要多加关怀，以极大的热情和耐心教育他们、感化他们。越是掉队的学生越需要得到教师关心、帮助和爱。热爱后进学生更能体现一个教师爱生的职业道德。

（三）为人师表

为人师表是我国教师的传统美德。首先，教师以身作则，为人师表，才能培养学生高尚的思想品德和良好的行为习惯，身教重于言教就是这个道理。其次，教师以身作则为人师表，才能确立教育威信，有利于教育活动的开展。为人师表的师德要求教师：思想进步，道德高尚，遵纪守法，言行一致，以身立教，严于律己，在思想、道德、学习、生活等各个方面，成为学生的表率。

二、合理的知识结构

所谓物理教师的知识结构，主要是指从事物理教育教学工作所需要的各种知识，在量和质两个方面的比例和整体框架。作为一名物理教师，其合理的知识结构中要包括以下内容。

（一）扎实的专业知识

所谓物理教师的专业知识，是指一位合格的物理教师所必备的专业方面的学问，其中应包括物理学知识、物理学方法论知识和物理学史知识。

1. 物理学知识

作为一名合格的物理教师，认真学习、牢固掌握物理学专业知识是必不可少的，这是最起码的要求。物理学知识的范围很广，作为中学物理教师要掌握的物理学专业知识主要包括：①普通物理学。主要指19世纪末以前，已经发展得比较完整的研究宏观物理现象的各个物理学分科，包括力学、声学、热学、分子物理学、电磁学、光学等，这也是中学物理中占最大比例的知识内容。②理论物理学。主要包括理论力学、电动力学、热力学与统计物理学和量子力学。③现代物理学。主要包括相对论、量子场论、原子核物理学、粒子物理学、天体物理学等。作为一名物理教师一定要了解物理学研究的前沿和它的发展趋势，特别是现代物理学的一系列成果在理论思想上突破了原子不可分、元素不可变的观念，运动只有连续性的观念，绝对时空观念以及机械决定论的局限性；提出了量子态、波粒二象性、概率决定性、四维时空与弯曲时空、实物与场的联系和转化以及宇宙膨胀的思想。物理学的基本观念和理论基础发生了质的飞跃，作为物理教师一定要具有现代物理学的这些基本观念。另外作为现代物理学的研究方法也是物理教师应了解的内容。

2．物理学方法论知识

方法是人类主动认识客观的工具和手段，对某一客观对象，只有正确选择和使用了某一种方法，才能使人深刻理解它的本质，全面把握它的内涵，发现其中的规律，进而使科学获得合理的发展。从物理学理论的建立和发展看，它是历代物理学家运用物理学方法对物理现象、物理过程进行研究探索的结果，而物理知识的讲授、学习、运用也离不开物理学方法。从学生学习角度看，通过物理教学，使学生掌握物理学方法、感受物理学方法的重要性、科学性和它们的广泛应用，也是十分必要的。作为一名物理教师，具备一定的物理学方法知识，无论是在自己对物理学知识的理解与掌握上，还是在物理教学中分析和讲解物理知识和对学生传授物理学方法上都有重要意义。

3．物理学史知识

在当前的物理教育教学改革中，在物理概念规律的教学过程中一是要继承我国传统的一些教学观念与做法，重视知识的传授，强调对概念、规律本身的掌握状态。对物理概念和规律的教学要求及标准应放在：第一，是否讲清了它们的内涵，即它的物理内容和物理意义；第二，是否讲清了它们的外延，即它的适用条件和范围；第三，是否讲清了有关概念、规律的联系和相近概念、规律的区别。这样做的结果是强化了概念、规律的教学状态，其主要不足是忽视了教学过程，忽视了对概念、规律形成与发展过程的要求，也削弱了通过概念、规律的教学来加强对学生能力培养的要求。今天我们都明确了对物理概念规律的教学要求。二是还应包括讲清物理概念、规律引入的必要性，它是怎样在物理现象中抽象出来的，要掌握概念的来龙去脉，要有典型的表象作为建立概念的基础，对发现和建立物理规律的过程要有较清晰的认识，知道它是通过什么实验发现和验证的，要知道导出的条件和主要步骤，要求学生了解概念和规律的形成与发展过程。这种物理教学的新要求需要每位物理教师掌握一定的物理学史知识。

物理学史中也体现了物理科学、技术科学与社会的共同发展，体现了物理学家个人与群体的相互关系。在物理学史中，有物理、科学、技术、社会互相促进的典型史实；有物理学家对祖国的热爱，对人类进步事业的贡献；有物理学家发奋读书、严谨治学、无私奉献的生动故事。这些在教学中恰当运用，能激发学生学习的兴趣和热情。这些物理史料，是进行德育、美育、心理健康教育等的良好素材。

在物理教育教学中要求教师掌握一定的物理学史知识；从物理教师的自身修养来看，掌握一定的物理学史知识也是非常必要的。通过学习物理学史，掌握物理学的内在发展规律，预测和把握物理学的未来，加深理解和掌握物理学知识和方法。

物理学史的主要内容包括：①古代物理学史。在这个时期，物理学还没有从哲学中分化出来，人们对自然界的认识主要是通过笼统、表面的观察和直觉获得的，基本上还处于对现象进行经验的简单总结和思辨性的猜测阶段。这一时期中国的科学技术取得了辉煌的成就，走在了世界的最前面。②经典物理学史。16 世纪至 19 世纪末为经典物理学时期。在这个时期，资本主义生产关系的产生，促进了生产和技术的发展，席卷西欧的文艺复兴运动，解放了人们的思想。近代自然科学就是在这种物质的和思想的条件下诞生的。系统的观察实验和严密的数学演绎相结合的研究方法被引进物理学。牛顿力学体系的建立，标志着近代物理学的诞生。光学、热学和静电学也相继建立和完善。到了 19 世纪，新数学方法被广泛引进物理学，相继建立了波动光学、热力学、分子物理学和经典电磁场理论等理论体系，使经典物理学臻于完善。③现代物理学史。19 世纪末 20 世纪初，物理学上一系列重大发现，使经典物理学理论体系本身遇到了不可克服的困难，从而引起了现代物理学革命。这个时期，相继建立了相对论、量子场论、原子核物理学、粒子物理学、天体物理学和现代宇宙学。物理学的研究领域向高速、微观领域大举推进，引起了人们对物质、运动、空间、时间、因果律乃至生命现象认识的重大变化，使物理学走向了全新时期。

（二）深厚的教育科学知识

现代教育的发展要求每一位教师必须掌握教育科学知识，懂得教育教学规律。科学的教育理论可以给教师以正确的教育观点，使教师了解教育工作的基本规律和基本方法，指导教师进行科学的教育。物理教育教学既是一门科学，又是一门艺术，作为一名物理教师不能单纯去做教书匠，而应做物理教育家，掌握物理教育教学艺术，提高物理教育效果和效益。

一名合理的物理教师要掌握的教育科学知识的主要内容应包括以下几个方面。

1. 普通教育学、普通心理学知识

教育学是研究教育现象及其规律的科学，诸如教育本质、教育目的、教育制度、教育内容、教育方法、教育管理等问题，教育学上都有阐述。物理教师通过学习教育学，可以了解一般教育规律，树立正确的教育观点，掌握正确的教育方法，从而克服工作的盲目性，提高工作的自觉性。

普通心理学是研究人的心理现象的科学，它揭示心理现象的本质及其发生发展的规律。掌握心理学的知识可以帮助教师提高教学艺术，用

科学的方法去发现人才、培养人才，从而提高教育教学质量。而且心理学知识也是教育科学的理论基础。

2. 教育心理学、教育测量与评价等教育科学知识

教育心理学是研究教育活动中心理活动规律的心理学，其主要内容是研究学生掌握知识技能、培养良好道德品质，充分发展学生的智力和体力的规律。教育统计学、教育测量学、教育评价学等学科是教师进行科研和教研的重要工具。学习这些教育科学知识，有助于提高教育教学研究水平，分析教学活动，改进教育教学，帮助教师提高教育质量。

3. 物理教育学、物理心理学等学科教育科学知识

学科教育学是我国近年来发展较快的一门学科，其基本特点包括两个方面，一是密切结合本学科特点；二是拓展了原来学科教学论的内容，侧重研究通过本学科的教学促进学生全面发展。物理教育学和物理心理学既体现了教育科学的共性规律在物理学科中的运用，又对教育科学的发展有一定的促进作用。当然，这些学科教育科学还处在发展时期，作为一名物理教师既要学习掌握现有的物理教育学、物理心理学方面的知识，也要在自己的教育教学实践中，勇于探索，注意经验的积累和升华，为建立成熟的物理教育学、物理心理学等学科教育科学体系尽自己的义务。

(三) 必要的哲学、美学、逻辑学、文学等知识

在物理教育教学中，掌握一定的哲学、美学、逻辑学、文学等方面的知识也是很有必要的。物理教师在学习这些知识时，可从教育教学工作的实际需要出发，一般地说，哲学学习的重点可放在辩证唯物主义的基本观点、基本规律和基本方法上；美学可放在科学美和审美教育上；逻辑学的重点可放在形式逻辑的归纳推理、演绎推理、类比推理和逻辑方法的使用上，并利用业余时间，多读一些哲学、美学、逻辑学、文学方面的书籍，丰富自己的知识。在物理教育教学实践中不断探索，由物理教师向物理教育家的方向不断成长。

三、物理教学能力

(一) 组织教学能力

任何教学工作，总要通过一定的组织形式来实现。在物理教学中，为了完成教学任务和达到教学目的，教师必须考虑怎样安排教学时间、空间及其他条件才最有效，用什么形式组织师生的活动才最成功等问题，这些都属于教学组织形式范畴的问题。熟练地掌握和运用恰当的组织形式和交流形式，是一位称职教师的必备修养。

1．合理的分配注意力

教师分配注意力对他的组织能力影响很大，善于分配注意力的教师，能够同时协调几种活动达到边讲、边写、边实验、边观察，遇到突发事件时能冷静处理，既留意个别又照顾一般。教师必须熟练掌握教材，各项基本功扎实，备课充分，才能有余力分配注意力。

2．运用注意规律组织教学

教师运用注意规律组织教学时应做到五个方面：一是遵循注意的规律改进物理教学，通过增强刺激物的强度，设计刺激物的运动和变化，增强刺激物的新异性和对比性，从而提高教学效果；二是充分调动学生的无意注意；三是培养学生的有意注意；四是交替使用有意注意和无意注意；五是掌握学生注意的外部特征，优化教学过程。

3．运用教学语言组织教学

运用教学语言组织教学包括运用教学语言艺术组织教学，运用提问方式组织教学，运用比喻类比等形象直观的语言组织教学。

4．运用教态组织教学

运用教态组织教学包括运用手势组织教学，运用表情组织教学，运用体态去组织教学。

(二) 保持良好教态的技能

物理教师的仪表、形象、表情、动作、态度构成了教态。良好的教态要求教师的衣着做到衣冠端正、整洁大方；教师的表情要和蔼可亲，端庄有礼；教师的动作应井井有条，干净利落；教师的精神状态应精力充沛，情绪饱满，在教学活动中循循善诱，体现教师风度。

（三）语言表达技能

物理教师的"传道、授业、解惑"主要是通过语言来实现的。物理教师的语言表达与文艺工作者的语言表达不同，主要不是靠形象生动、渲染效果来发挥作用，而主要以科学、准确、逻辑、通俗、简练等来完成教学任务，在此基础上，再辅之以一定的趣味、形象和感染力。物理教学要求教师的语言要言之有物、言之有理。物理教师的课堂语言要具有以下几个特征。

1. 科学准确

教师语言的科学性是落实教学科学性原则的重要表现。严禁传授错误的不科学的东西，当然教学中的科学准确也是相对的。还应注意结合学生的年龄特点、掌握知识的阶段性来灵活掌握。

2. 简练

课堂上语言必须简练，要讲究语言效率，能从丰富的词汇中选择出最能准确描述物理内容的词语，突出重点，抓住关键。

3. 条理清楚，逻辑性强

教师语言要主题明确，条理清楚，逻辑性强。能围绕重点中心内容层层解剖，由表及里地揭露本质，使所讲授的知识内容真实有力、逻辑性强、诱发学生的思维。

4. 生动形象，具有启发性，能引起学生的积极思考

由于物理教学中的概念、规律、模型等都比较抽象，这就需要物理教师创设物理情境，将抽象的内容转变成一幅幅学生熟知和喜闻乐见的动画和实例，帮助学生理解和掌握新知识。例如，运用诗歌、典故和故事等，将学生带入物理情境，运用夸张、比喻、类比等活跃思维，强化记忆，在课堂教学中，有张有弛，保持学生的注意力和思维的灵活性。

5. 掌握技巧，讲究语言艺术

如引入新课时，应用联想、启发等语调，给学生一种悬念感，激发学生的求知欲，将学生带入物理情境之中。在强调重点环节和关键内容时，运用坚定不移、落地千钧的语调，强化重点内容在学生头脑中的印象。在教学告一段落后，用轻松愉快的语调，给学生以愉快的享受。在分析物理过程时，应用随机应变的语调，用模拟、夸张的语调，使学生有身临其境之感。要注意语言的速度和节奏，控制音量的大小和音调的高低。

(四) 物理实验教学技能

物理实验教学技能主要包括以下几个方面。

1. 实验设计能力

实验设计能力是指在理解和掌握了实验的目的、实验原理、实验方法等的基础上，具体设计实施实验的能力。主要包括实验本身的设计和安排上的设计。课堂教学中的实验应配合教学内容，简易可行，学生使用的器材应容易操作。此外，教师对在课堂上应什么时间进行演示，学生什么时间做，应让学生观测什么、记录什么、操作什么等都要考虑周全。

2. 实验演示与操作能力

实验演示与操作能力是指对实验仪器、工具、实验过程进行动手操作演示的能力，包括实验仪器的安置、调试、演示、读数、记录等。对装配仪器要合理排布，掌握各种仪器仪表的调节方法，要按实验规则进行实验操作和演示，会及时排除实验故障。

3. 实验观测能力

实验观测能力是指对实验的现象、结果进行定性观察与定量观测，并能指导学生进行观测的能力。

4. 处理实验数据能力

处理实验数据能力是指通过对实验测得的众多数据进行分析处理，以获得某些量的变化规律或量与量之间的函数关系。

5. 组织与指导学生进行实验的能力

教师应对学生的实验进行指导，在学生动手前教会学生使用仪器，在学生实验时指导学生观察与记录什么，以及先做什么、后做什么，指导学生及时排除实验故障。

当然，物理教学能力的范畴是相当广泛的，前面只简单列出几种，作为教学中的参考。

（五）物理教学研究能力

物理教学研究就是对物理教学实践中出现的理论和实际问题，做出科学回答的过程。通过对物理教学进行科学研究，得出具有普遍指导意义的物理教学新的规律，发展原有的或创立新的物理教学理论。

1. 物理教学研究的一般程序

物理教学研究的一般程序包括：①选择和提出物理教学研究课题；②查阅资料，调查研究，分析课题的现状和动态；③选择研究课题的具体方法；④制订具体的课题研究计划；⑤实验研究；⑥收集和分析数据资料，总结研究成果；⑦撰写研究报告。

2. 选择和提出物理教学研究课题的能力

选择和提出物理教学研究课题应从课题的应用性、科学性和可行性三个方面加以考虑。所谓课题的应用性，一方面是指应用研究的结果来充实、提高和完善现有的教学理论体系或提出新的教学理论；另一方面是用揭示的物理教学规律来解决关键的教学问题，以提高教学质量和效益。选择和提出课题首先要考虑的就是应用性。

科学性指的是选择和提出的教学研究课题，一定要以科学事实或科学理论为依据。

可行性则是指选择和提出的教学研究课题，可否完成的程度。因此一个课题的提出既要考虑研究者本身的能力（包括自身的智能结构、兴趣爱好、研究水平、身体情况）等主观因素能否胜任，还要考虑诸如社会环境、学生、教材、经费、设备等多种客观因素是否具备。只有经过应用性、科学性和可行性论证的课题，才能正式确定为研究课题。

当前比较急需的研究课题如研究九年义务教育物理教学大纲、教材、用物理教育学、物理教学论的观点，研究物理教学方法与学习方法、教学规律，研究在教学过程中如何培养学生能力，研究学生在学习物理过程中的心理特征与心理障碍，研究如何解决物理难学点等问题。

3. 制订具体的课题研究计划

课题研究计划一般包括：①课题的表述方式；②课题意义的阐述策略；③给术语和变量下定义，对认为是事实但尚未证实的内容提出假设；④提出有关文献的来源和制定选择原则；⑤完成研究课题的详细的时间表。

4. 教学资料的收集与整理

（1）教学资料的种类和特点

教学资料是指在教学工作实践中形成和积累的，经过整理后发表或保存起来的，对以后的教学工作有参考或使用价值的材料。教学资料按记载事实的符号形式为标准可分为文字资料（包括文献资料、报刊资料、卡片资料、目录索引资料、记录资料）、声像资料（包括录音带、录像带、光盘等）、电脑资料（利用电子计算机储存的教学资料以及各种微机教学软件等）。

（2）教学资料的收集

教学资料的收集是指对自己有用或者以后可能有用的，以各种形式载录的知识和材料，通过收集、阅读，以文字或图形记载下来，并加以整理而供自己日后利用的活动。

收集教学资料要坚持定向优选的原则，即在确定的目的与方向下优选资料；坚持及时准确的原则，即收集资料要及时并做到摘录准确；坚持实用全面的原则，实用是资料的根本目的，全面是在纵向收集能把研究引向深入的资料，在横向上收集相关的资料；坚持持久求新的原则，即收集资料坚持日积月累，掌握新动态、新信息。

教学资料的收集包括对观察、调查、教学试验所获得资料的收集和对教学文献资料的收集。教学文献资料的收集方法如下：

①追溯查找法，即利用现有文献中著者在文末所列的参考文献进行追溯查找的方法。

②直接查找法，即利用各种检索工具直接查找文献。首先是对教学文献资料进行检索，其检索步骤为：第一，分析研究课题，确定专业学科范围和文献类型；第二，按专业学科范围和文献类型选择适宜检索工具；第三，通过著者途径、书名途径、分类途径等哪条检索途径进行检索；第四，根据文摘或题录提供的原始文献的出处，使用"馆藏目录"或"联合目录"等查找原始文献收藏单位，以便借阅或复制，得到原文资料。在运用各种检索工具直接查找文献中可供选择的方法有顺查法（按时间先后）、倒查法（从后向前查）、循环查找法（即采用追溯法循环查找）。对收集到资料的记录方式可采用读书摘记、读书笔记、制作卡片等形式保存。制作卡片又可分为目录索引卡片、内容提要卡片、内容摘要卡片、剪报卡片、随感备忘卡片、专题卡片、活页纸等。

（3）掌握教学资料整理的步骤和方法

资料的整理就是将收集起来的材料进行选择鉴定、分类、统计加工、编目立卷，使之系统化、条理化，便于检索使用。教学资料整理的步骤和方法主要有以下几个方面。

①选择鉴定。对收集到的教学资料一要根据主题进行选择取舍，二要进行鉴定和考据，进行"外审"（对文献本身真伪的鉴别）和"内审"（对文献所载内容是否属实进行鉴别）。

②分类工作。对选择鉴定后的教学资料进行分类。

③统计加工。对分类后的资料进一步统计加工，使之系统条理化。

④编目立卷。即对分类统计加工后的资料，编制教学资料目录，以揭示收集资料的内容。

5. 撰写教学研究论文的能力

物理教师要总结长期的教学实践经验，达到在认识上提高，在理论上深化的目的，就可以教学论文的形式表现出来。教师在搞教学试验，教学研究中也要把结果或结论整理出来，也必须以教研论文形式体现。

撰写教研论文一般有三个目的：一是为了科学积累，二是为了交流，三是为了指导教学。因此，学会撰写教研论文应该是现代物理教师的一项基本功和必备的能力。

（1）掌握撰写教研论文的方法

①选题。选题是撰写论文的起点。选题的好坏将直接影响到论文的学术价值和社会价值。论文选题要从教学改革实践中来，要从参加教学研究活动中来。论文选题也要遵从前面谈到的应用性、科学性和可行性的"三性"原则。选题应力求有创见、有新意。这可以参考四种类型的选题：一是"延伸型"，就是对某个问题的原有研究方向不变，深度增加，在如何深化的问题上下功夫；二是"补差型"，就是对所研究的领域中尚未研究或研究很不充分的问题进行研究；三是"杂交型"，就是以另一学科另一领域的科研成果来开拓本学科本领域的处女地；四是"边缘型"，就是在某两个学科或某几个学科交叉的边缘地带选定课题。

②收集和整理资料，或进行教学试验。

③确立文章论点，拟好编写提纲。在对资料进行分析整理后，要确立文章论点，包括全文的基本论点和各部分的小论点，列好文章的提纲。

论文的体裁结构撰写论文总的要求是论点正确，论据充分，内容充实，具有新意，真实反映自己的教学经验、心得体会、研究成果。同时还要注意论文结构的逻辑性、论证的严密性，语言的精练性。

一般论文的基本结构包括七个部分：一是题目，应以醒目、简练的文字反映论文要阐述的中心问题。二是绪论，一般在文章的开头非常简明扼要地提出问题，说明提出问题的目的、理由、指导思想，说明研究这一课题的论证方法，指出撰写这篇论文要解决的实际问题。三是本论，这是论文的主题部分，是展开课题、表述成果、观点的部分。在写法上可以直线推进，层层深入；也可以并列分论，分别表述；还可以两种方法结合使用。在安排上要做到先后有序，主次分明，详略得当。要求作者正确阐述自己的思想、观点、方法。论述中，每个问题都尽可能写成一个自然段，都要既有论点又有论据，还要讲究论证方法。充分利用第一手资料，详略得当阐述自己的经验或研究成果，使论文具有科学的说服力。四是结论，是论文的结尾部分，主要是用简短的文字，简要概括全文，归结或引出基本论点，写出课题的解答，或对研究成果未尽善之处，提出进一步研究的建议。五是致谢，如果这篇论文在写作中，或在进行教学研究中曾得到某人的指导或某单位的帮助，有必要的话，可附一句感谢的话。六是附录，通常把详细的原始记录、原始实验、公式推导等不便放入本论中的部分，以附录的形式附在后面。七是参考资料，在附录后面，按主次顺序，有序号地列出参考文献资料。

（2）注意提高教学研究论文的质量

衡量一篇论文的标志一般应看它的学术价值和社会价值。对于物理教研论文的学术价值主要是看其对物理教育教学提出或总结出的新观点、新思维、新方法，并行之有效。物理教研论文的社会价值主要是看它对物理教育教学的影响和推动作用，并在教学实践中产生良好的效益。

为了提高论文的质量，要做到四个方面：第一，要有丰富的物理教育教学经验和教学资料，特别是重视占有第一手的、第一流的教学资料；第二，不断提高自己的理论水平，善于把经验上升为理论；第三，注意学习先进经验，包括同事的、同行的、专家的、国内的和国外的；第四，努力提高自己的文字表达能力和写作能力。

第三节　物理教师的培养进修与提高

百年大计，教育为本。教育是民族振兴、社会进步的基石，是提高国民素质、促进人的全面发展的根本途径，寄托着亿万家庭美好生活的期盼。建设一支具有良好政治业务素质、结构合理、相对稳定的教师队伍，是教育改革和发展的根本大计。教师人才的选拔、培养、进修与提高是建设合格教师队伍的重要环节，也是推动教育事业发展，为社会主义现代化建设培养优秀人才的关键。

一、物理教师的选拔和培养

物理教师的选拔、培养，就是将品学兼优、具备物理教师的基本条件、立志献身教育事业的优秀人才挑选出来，经过特定的学习、训练、培养，充实到物理教师队伍中来，这是一项较复杂的工作。

（一）坚持物理教师的人才选拔标准

作为一名物理教师首先要能尽《中华人民共和国教师法》中规定的六条义务，包括：①遵守宪法、法律和职业道德，为人师表；②贯彻国家的教育方针，遵守规章制度，执行学校的教学计划，履行教师聘约，完成教育教学工作任务；③对学生进行宪法所确定的基本原则的教育和爱国主义、民族团结的教育，法制教育以及思想品德、文化、科学技术教育，组织、带领学生开展有益的社会活动；④关心、爱护全体学生，尊重学生人格，促进学生在品德、智力、体质等方面全面发展；⑤制止对学生有害的行为或者其他侵犯学生合法权益的行为，批评和抵制有害于学生健康成长的现象；⑥不断提高思想政治觉悟和教育教学业务水平。

而且作为物理教师还要有扎实的物理专业知识，一定的教育科学知识，必要的其他知识以及较强的物理教学能力和一定的物理教育科研能力。对于师范生的选拔可在中学生中进行一定的教学能力倾向测试，以选拔优秀的苗子进入师范院校学习。

（二）物理教师人才选拔的措施

1. 发挥舆论宣传的作用，形成教师职业为最受人尊重的职业的氛围。一方面政府采取措施，切实把教育放在优先发展的地位，切实提高教育的社会、经济地位；另一方面广泛宣传，特别是在广大中学生中，使他们了解教育在社会发展和人类进步中的地位和作用，了解教师的过去、现在和将来；了解人民教师是光荣的令人尊敬的职业的道理。使有条件从事教师职业的学生都能踊跃报考师范院校，保证师范院校的充足生源。

2. 加强师范院校的改革，把师范院校建成最好的高等学校，增强师范院校的吸引力。一是把师范院校自身办好；二是制定师范院校的优惠政策、师范生在校学习期间和毕业分配的优惠政策。

3. 改革师范院校的招生制度，如保送优秀学生，师范院校采取单独招生，师范院校提前录取。

4. 广开门路，按教师资格相关条例要求，在全社会公开招聘教师，选拔社会优秀分子加入教师职业。

5. 采取淘汰制，对不适合教师职业的人员淘汰出教师队伍，形成一种良好的竞争机制。

（三）物理教师的培养

教育有自身的规律，要使从事教育工作的人，了解并掌握这些规律，按规律办事，必须有师范教育，师范院校是专门培养教师人才的基地。

师范性是师范教育的特性，学术性是师范教育的基础。因此作为对物理教师的培养，首先要使这些未来的物理教师掌握扎实的专业知识，包括物理学专业知识、物理学方法论知识和物理学史知识。其次是掌握一定的教育科学知识，包括教育学、心理学知识、教育心理、教育测量与评价等教育科学知识和物理教育学、物理心理学等学科教育学知识。再次，掌握必要的哲学、美学、逻辑学、文学等方面的知识。需要培养三种能力：一是物理能力，即进行物理专业的能力，主要包括物理观察能力、物理实验能力、物理思维能力、物理创造能力等；二是物理教学能力，即进行物理教学的能力，主要包括学习大纲、研究教材、了解学生编写教学方案的能力，物理课堂教学能力、物理课外教学能力等；三是物理教育教学研究能力，主要包括提出课题的能力，进行教学试验的能力，收集和整理教学资料的能力，撰写教学研究论文的能力等。作为物理师范教育要围绕上述要求，合理安排课程和教学活动，以培养合格的物理教师。

二、物理教师的进修与教学能力提高

（一）物理教师的进修与提高的必要性

现代社会日新月异的发展，给教育工作带来了深刻的变化。新知识、新思想、新技术等的不断出现，使每一位教师都面临着严峻的挑战。物理学是科学技术革命的先导，因此中学物理教师的在职进修提高工作能力就显得更为迫切。从教育思想来看，素质教育的提出与确立，将是一场基础教育的革命。素质教育就是全面贯彻党和国家的教育方针，面向每一个学生，面向学生的每一个方面，让学生主动地发展。这些新的教育观念、教育思想日益渗透到包括中学物理学科在内的各个学科教学中，根植于物理教师的教育观念之中，在这方面如不转变思想观念就难以胜任物理教育教学工作。

从教学内容上来看，随着科学技术，特别是物理科学的飞速发展，物理教学内容的现代化已是一种世界性的趋势，如果不加强中学物理教师的进修学习，是难以适应现代教学改革和发展的。

从现代教育技术的发展来看，现代化的设备和技术广泛应用于教学领域，电化教学手段已成为物理教师必须掌握的内容，多媒体技术、网络技术已给物理教学提出了更新的课题。

从以上各方面的改革与发展来看，中学物理教师必须不断学习有关的知识，掌握相应的技术，必须不断地进修和提高，否则便不能适应新形势的要求。

（二）物理教师进修与提高的途径

1. 教师道德的自我修养

教师道德的自我修养是指教师为了培养职业道德所进行的自我锻炼、自我教育、自我陶冶、自我完善的过程。教师道德自我修养的内容包括提高师德认识、增强师德感情、磨炼师德意志，树立师德信念，培养师德习惯等。教师道德自我修养的方法主要有：①加强自身学习，学习马克思主义毛泽东思想，自觉接受共产主义思想道德教育，树立正确的世界观、人生观和价值观。学习革命教育家和优秀教师的先进思想和事迹，升华自己的师德境界。②与教育实践相结合。教育实践是教师正确的师德观念的认识来源，是不断进行师德修养的动力，搞好教育实践也是教师师德修养的目的。③不断自省。苏霍姆林斯基说："一个人能进行自省，面对自己的良心进行自白，这是精神生活的最高境界；只有那种在人类的道德财富中找到自己榜样的人，才有希望达到这个境界。"

2. 自学

物理教师提高自身素质最基本的途径是坚持自学。虽然物理教师的教学工作十分繁忙，但还是应挤出一定时间自学物理专业知识、教育理论知识，通过期刊报纸广播电视等了解物理学和教育科学的发展动向和最新成果，了解最新教育教学教改动态，养成记资料卡片和记读书笔记的习惯。还可通过一定的影音资料等观看学习其他教师的教学经验和教学成果，不断提高自己的物理专业理论水平、物理教学水平和物理教学研究水平。

3. 进修

目前各省市自治区都颁布了有关教师继续教育的法规，制定了继续教育证书制度，这也为物理教师的进修提供了常规性的机会和时间，作为物理教师应充分利用这些难得的机会多接触了解物理学发展和物理教学改革与发展的知识与动态信息，走出封闭的工作环境，了解别人，也了解世界。[①] 充分利用各种进修机会，参加讲习班和学术会议，参加研究生课程培训等学习机会、丰富自己，提高自己。

4. 教学实践总结

物理教师可通过自己的教学实践，总结经验教训，从中发现教学规律，善于将新理论、新思想、新观点运用于教学工作中，经常进行教学

---

① 苏新华. 学生创新能力培养的探索：基于中学物理教学视角 [J]. 读与写（教育教学刊），2015（11）：165.

分析和课后分析，不断总结，不断提高，同时敢于将自己的经验教训撰写成论文发表出来，也让世界，让别人了解自己。

5. 教学改革、教学试验和教学研究

参加教学改革和教学试验是物理教师提高自己的有效途径。通过参加教学改革、教学试验和教学研究，一是必须了解当前物理教学改革与教学试验的现状和动态，二是必须将新的教学思想、教学方法运用于教学，这本身就是一个学习与提高的过程。

第五章　中学物理教学中学生能力的培养

第一节　中学生学习物理的基本心理过程

人们对学习过程的研究历来都很重视，研究的角度也是广泛的，它涉及许多学科。比如人们从哲学的角度来研究学习过程，认为学习过程是一种特殊的认识过程；从生理学来分析，学习过程是使学生身体得以健康成长和发展的过程；从心理学分析，学习过程是学生以认识为基础的全面的心理活动过程和以能力为核心的个性心理统一培养、塑造和发展的过程。中学生学习物理的基本心理过程可分为观察实验、思维、三应用这样三个基本阶段。

一、观察实验是基础

人们对客观事物的认识是从感知开始的，学习作为人类认识的一种特殊形式，当然也应该从感知开始。感知是感觉和知觉的总和，感觉是指对作用于感觉器官的个别属性的反映；知觉则是对事物整体属性的反映。知觉的主要特点是选择性、理解性、整体性和恒常性。

在中学生学习物理过程中的感知就是观察和实验。心理学家鲁宾斯坦曾指出："知觉外部形式的发展，使知觉变成为有目的、有意识调节的操作，随着知觉成为有意识的活动，知觉就变成观察。"由此可见，观察就是人们有目的地通过感觉器官对客观事物、对自然现象进行的有计划的周密细致的知觉活动。在整个观察过程中都有思维的积极参与，而不是消极地感知，所以有些学者把观察称为"思维的知觉"或"知觉的高级形态"。

分析学生观察的过程我们知道，物理现象和物理过程主要是以光、声、气味等为媒介作用在观察者的观察器官上，然后这些感官通过神经通道进一步与学生的大脑发生相互作用。

在物理教学过程中，教学信息与学生本人的相互作用，也是一个复杂的过程。教学信息先是通过语言、文字、图像等媒介与学生的感官发生作用，然后感官进一步与学生的大脑发生相互作用。在学生的实际学习过程中，无论是物理现象和物理过程，还是教学信息，都是通过几种媒介与学生的多种观察器官发生作用的。这一阶段在心理学上就是通常所说的感觉阶段，然后是学生的感官与大脑的相互作用，这个阶段就是心理学上常说的知觉阶段。这两个阶段就是物理观察过程的两个阶段，这整个过程就是物理观察过程。

中学生的物理观察的显著特点包括：中学生在视觉方面，区别各种颜色和色度的精确性比小学低年级学生提高 60％以上，在听觉方面，已经具有相当准确的辨别音阶的能力。15 岁左右的少年，在视觉和听觉的灵敏度上达到一个相对峰值，甚至超过成年人。同时，在触觉、关节肌肉的感受性上有迅速的提高。观察的自觉性和稳定性逐步提高，一般能根据教学要求去观察某种对象，并能进行长时间的、有意识的观察。观察的精确性和概括性也提高了，能抓住事物的主要特点和主要特征进行比较准确和深刻的观察。中学生观察的弱点是观察存在不稳定性，有时以情绪为转移，观察往往出现片面性和肤浅性等。物理实验在物理学习过程中占有非常重要的位置，这里仅就物理实验为物理学习提供感性材料方面作一简单的分析。从物理学的发展史来看，物理学家正是通过物理实验不断地有所发现、有所发明、有所创造。在物理教学中运用物理实验是为了达到教学目的，为学生的学习服务。例如：为使学生确信大气压强为 76 厘米汞柱，就要做托里拆利实验；为使学生理解串、并联电路的性质就要让学生去连接串、并联电路；等等。运用实验创造学习物理的环境，展现物理现象和过程，让学生通过观察测量、分析综合等动手动脑过程，有效地获取形成物理概念和建立物理规律的感性材料。

"以物论理"中的"物"就是观察实验，中学物理学习如果离开观察实验就成了空中楼阁，违反了中学物理的学习规律，因此，中学物理的学习过程必须以观察实验为基础。

二、物理思维是核心

中学物理的学习在对物理现象和过程感知的基础上，就要对这些感性材料进行思维加工，以便形成物理概念、建立物理规律、创建物理理论。这一阶段是借助思维而实现的，所以物理思维也是中学物理学习过程的核心。

思维和感知一样，都是人脑对客观事物的反映，但感知过程是对事物的直接反映，而思维则是人脑对客观事物间接概括的反映，它反映的是客观事物的一般特性及其规律。间接性和概括性是思维的两大特征。间接性是指通过事物相互影响的结果或通过其他媒介来间接地认识事物。概括性则是人脑根据大量的已知事实即在已有的知识经验的基础上，舍去各个事物的个别特点，抽出它们的共同特性，从而得出对客观事物一般特征和规律性的认识，物理概念和物理规律只有通过间接概括性的认识才能加以掌握。在中学物理学习过程中，学生的物理思维按其层次和水平可划分为动作思维、形象思维、形式思维和辩证思维。

（一）物理动作思维

物理动作思维是指凭借直接感知并在实际操作中进行的思维。它的结构比较简单。

（二）物理形象思维

形象思维是指凭借事物的形象或表象而进行的思维。这种思维带有直观性、具体性特点，是借助形象手段来实现的。

（三）物理形式思维

形式思维是凭借概念，并遵循形式逻辑的规律而进行的思维。它的形式是概念、判断和推理。

（四）物理辩证思维

物理辩证思维是凭借概念，遵循辩证逻辑的规律而进行的思维。这种思维摆脱了直观性、具体性，其解决方式是辩证手段。

各种思维是相互联系的，从学生的思维发展来看，总是由动作思维发展到形象思维。再发展到形式思维，最后达到辩证思维。但在物理学习活动中，往往是以一种思维为主，其他思维为辅的共同作用，这样就能达到较好的学习效果。从物理思维的过程来看，思维过程是从发现问题开始的，在寻求问题的解答中深入，在检验答案中发展，直到在实践中得到相应的答案结束。

1. 发现问题。物理思维一定是从问题开始的，所以发现问题是思维的起点。

2. 明确问题，分析问题。发现问题后要进一步明确问题的意义，分析问题的特点与条件，理解问题的症结所在，正确地表述问题。

3. 提出假设。在分析问题时，为了解决问题要提出假设，考虑解答问题的方法，着手试图解决问题，这样，思维就在寻求问题的解答中深入发展了。

4. 验证假设。提出假设就要想法去检验它正确与否。在验证假设的过程中，思维进一步深入发展。

5. 做出结论。假设的正确性一经证实之后，就可据此做出相应的结论。

6. 评价与检验。一旦找到了解答，还有必要回到原来的问题，弄清该解答是否正是原来问题的答案，思维就在评价、检验答案中发展。关于中学生物理思维能力的基本要素，可以分为六个基本要素：①物理抽象能力。中学生的物理抽象能力主要体现在建立物理模型和把实际问题转化为典型物理问题两个方面。②物理概括能力。中学生的物理概括能力主要表现在把同类物理事件概括为普遍结论的能力，把知识经验系统化的能力，以及用已知的上位知识得出下位知识，并能与实际问题联系起来的迁移能力。③物理判断、推理能力。中学生的物理判断能力主要表现在对物理命题合理性的判断，找出出现某种物理现象的条件或确定给定条件情境是否满足定律、公式的适用条件的判断，中学生的物理推理能力主要表现在归纳推理、演绎推理和类比推理上。④物理综合分析能力。中学生的物理综合分析能力主要体现在整体的考虑下把问题分解为局部进行研究，再把各部分汇为整体，综合运用各部分物理知识，得出正确结论的思维能力。⑤运用数学解决物理问题的能力。中学生运用数学解决物理问题的能力主要包括把物理问题转化为数学问题的能力，运用数学进行推理计算的能力，以及进行物理估算的能力。⑥创造性思维能力。中学生创造思维能力是一种初级层次的创造性思维，是中学生经过自己的智力活动，获得对本人来说是前所未有的成果。① 中学生物理思维能力的发展的特点，突出表现在由形象思维向抽象思维的过渡上。我国心理学家朱智贤、林崇德在研究中发现，抽象逻辑思维的发展存在着一个关键期和一个成熟期。中学二年级是中学阶段思维发展的关键期，学生的概括能力、空间想象能力和推理能力都将发生质的变化。中学生已能领会和掌握更多的抽象概念，能够理解一般事物的规律性及因果关系，并能对较复杂的问题做出恰当的判断和合乎逻辑的推理，但他们的抽象思维经常需要具体的、直观的、感性经验的直接支持，因而直观形象，直观教学很有必要。中学生的思维的关键期和转折期、成熟期的特点，决定了中学物理的教学必须考虑学生的思维特点，在实际的教与学的活动中充分发展他们的思维能力。

三、应用是目的

应用就是依据已有的知识去解决有关的问题的过程，也是把通过感知、思维、记忆所获得的知识运用到实际中去，以便形成技能技巧，可

---

① 陈春梅. "留白式"教学法应用于中学物理教学的策略［J］. 西部素质教育，2016（20）：171.

以说应用知识解决问题的过程就是形成技能技巧的过程。

(一) 物理知识应用的特点

物理知识的应用具有以下几方面的特点。

1. 物理知识的应用是掌握物理知识的过程之一

物理知识的应用是在理解的基础上进行的，知识的理解和巩固是知识应用的前提，理解与应用在进程上的顺序是不能任意颠倒的。同时，知识的应用与知识的理解和巩固也是相辅相成的，应用知识可以检查和促进对知识的理解和保持。只有应用知识于实践，才能检验知识的掌握情况，及时地发现与补救所得的知识的缺陷，使已有知识得到进一步理解和巩固。

2. 知识的应用过程是抽象知识具体化过程

知识的应用过程与知识的理解过程（具体事物的抽象过程）既有联系，又有区别。知识的理解是由个别到一般、具体到抽象、感性到理性的归纳过程，知识的应用则是一般到个别、抽象到具体的演绎过程。知识的理解在于通过对同类的一些具体事物的一系列分析，抽出这类事物共有的一系列的本质特征，从而形成这类事物的概念、规律等抽象知识；知识的应用则要求把抽象知识本身分解为一系列本质特征，并在特征的指引下去分析具体事物，从中确定这些事物是否具有这一系列特征，从而判定这种抽象知识能否包括这些具体事物。知识的应用一般只限于同类事物。

3. 应用知识可以形成技能技巧，促进能力的提高和发展

技能技巧是在知识的应用过程中形成的，而技能、技巧的形成又可为进一步顺利掌握知识和应用知识创造条件，所以，在物理知识的应用中，要坚持手脑并用，多操作，多动手，以便形成实验操作的技能。

在应用知识的过程中，还能够提高我们的思维能力，分析物理问题和解决物理问题的能力。因为是解决具体的物理问题，这样也可激发我们的学习兴趣，提高学习的自觉性，并在解决实际问题的过程中能力得

以培养和锻炼。

4. 应用物理知识解决物理问题一般都是由教师提出或习题中给出的

在要解决的问题中，条件与任务都是给定的，这同现实生活中独立应用知识解决具体问题是有所区别的。

(二) 应用物理知识的基本形式

物理知识应用的具体形式多种多样，概括起来可分为以下几种。

1. 以词的方式实现，即应用已学过的物理知识去回答口头的作业题

例如，学生在课堂上根据教师的要求复述学过的知识，这是一种最简单的应用形式，特别是在新知识学习的过程中，教师往往要求学生运用已经学过的知识来解释各种有关的物理现象和具体问题。这些现象和问题的解释一般只要求能复述学过的知识，并把它推广到同类的具体事物中去。

2. 应用学过的知识完成书面作业和练习

在课内或课外解答教师提出的或课本上规定的习题，这是一种最基本的应用形式。它要求根据一定的条件以及已经掌握的规律来求得未知的物理量或证实某种物理量之间的关系。

3. 以实际操作的方式实现

以实际操作的方式实现，就是把课堂所获得的物理知识应用到各种实地作业和实际操作中去，它要求运用物理知识动手操作来解决实际的物理问题。这种形式要求词的表达与实际行动相结合，灵活地运用已有的知识，并在一定范围内应用较多的知识处理和解决实际问题。

4. 把所学的知识应用到社会实践中去

这种形式的特点是要求综合地利用各门学科的知识。它富于创造性，比较复杂，难度较大，是一种比较高级的应用形式。

在中学物理的学习过程中，由于知识应用的要求不同，因此，应依

据实际情况，选择适当的应用形式，以便充分发挥应用知识的实际效能。

四、物理知识应用的一般过程

由于物理知识应用的难度和性质不同，物理知识应用的步骤也不一致，一般说来，应用知识包括以下几个环节。

（一）审题，掌握题意

审题就是了解题意，搞清楚题目中所给予的条件与问题，明确题目的要求。这是应用所学知识，把问题具体化的首要环节，是通过想象、思维等在头脑中进行的一系列智力活动，它并不是单纯地对题目的感知。在物理知识应用中，大部分错误是没有认真审题造成的。有些同学不注意审题，常常忽略课题中的某些条件，遗漏掉那些隐蔽的条件，不能保持课题的清晰映象，以致不能解决课题。因此，题意的掌握作为应用知识的起始环节具有重要意义。

（二）联想使知识重现

联想是指由一种心理过程而引起另一种与此相连的心理过程的现象，它是在课题的条件和要求的作用下，有关知识在头脑中的重现。即能在意识中回忆起解决当前课题所必需的新知识和旧知识。知识的重现是在掌握问题条件与所求的基础上，通过联想而实现的；是在条件与问题的刺激作用下，大脑皮层中相应的暂时神经联系的活动。

（三）问题的类化

问题的类化是把当前的课题纳入同类事物的知识系统中去，以便理解当前课题的性质，从已有知识中找到解决这个课题的途径或方法。它是在掌握题意、重视知识的基础上，通过思维活动揭示事物之间的联系的过程。

在类化的过程中，用已有的知识，对问题所包含的事物进行分析与综合、抽象与概括，从中找出事物间共同的、一般的、本质的东西。只有找到这些东西，才能把当前的问题归入相应的知识系统中去，掌握题意，了解解题途径，形成判断。课题的类化进程因为课题的差别而不同，同例题的差别程度小，则课题容易类化，课题的类化进程则是直接的、简缩的，使问题化难为易得到简化；如课题同例题的差别较大或初次应用刚学过的新知识，课题的类化则是扩展的、间接的，一时难以辨认课题的本质特征，出现"节外生枝"或"绕圈子"的解题过程。

有的学生在课题类化方面往往因为不善于根据已有的知识，从当前的问题中抽出本质的东西，独立分析问题的能力差，因而出现障碍。课题的类化也与知识的理解和巩固程度有关。另外，有些学生不善于对问题进行全面分析，往往依据问题的某一特点，就应用知识，因而出现"生搬硬套"的错误。应用知识的这些环节不是彼此分割的，而是相互关联、相互影响的，在分析课题时，需认真审题，掌握题意，克服不重视审题，在题意还未弄清之前就着手解题的习惯。因为在这种随便猜测和盲目尝试的情况下，难以重现有关的知识，也难以导致课题的类化，在形成判断和重现有关知识时，有时需要反复审题，特别是解决生疏的课题或解题过程一再发生障碍的情况下，审题、知识的重现和课题的类化经常是反复交错进行的。就应用知识的程序来说，审题是联想重现知识的前提，知识的重现又是课题得以类化的条件，这三个环节相互作用共同完成知识的应用。

第二节　物理特长生的发现与培养

一、特长生的心理发展特点

特长生是指在比较优异的自然素质的基础上和有利的环境影响下，经过精心培育和自身的努力，达到在某一方面具有优秀的天赋和才能的学生。特长学生尽管在心理发展类型和程度上都不一致，但他们都具有以下心理特点。

（一）有旺盛的求知欲和浓厚的兴趣，有为之奋斗的愿望，在动机方面已达到志趣的层次

特长学生一般很早就表现出好奇好问，爱追根究底，对学习某方面知识有浓厚的兴趣。求知欲和认识兴趣是促进一个人从事学习或活动的推动力，有了强烈的求知欲和浓厚的认识兴趣，人们就会千方百计、不畏艰难地去探究科学世界的奥秘。强烈的求知欲和浓厚的兴趣是特长生的情感特征。

（二）有敏锐的观察力和高度集中的注意力

善于观察者可以见常人所未见。善于观察和高度集中的注意力是密切联系的。从大脑皮层神经元的活动来说，注意力集中就是在大脑皮层上形成优势兴奋中心，因而这时感知的事物印象特别清晰，易于理解，并且学得快，记得牢。可以说注意力和观察力是学习的门户和智慧的天窗。有敏锐的观察力和高度集中的注意力是特长生的感知觉特征。

（三）有较强的记忆力、理解力和想象力

特长学生一般有较强的记忆力，他们不仅机械记忆力出众，有意识记和意义识记也超出一般，常常是过目不忘，一读成诵。特长学生思维比较活跃、敏捷。他们敢想别人所未想，善于发现问题，敢于问一些怪问题。能进行抽象推理，领悟事物之间的复杂关系，并富有创造精神，他们的形象思维能力超出一般儿童，具有独特的想象力。有较强的记忆力、理解力、创造力和想象力是特长学生的智力特征。

（四）有突出的探索精神和顽强的意志

特长学生的进取心一般都比较强，他们自信、爱与别人比。他们有一股倔劲，想要学什么，干什么，就非学会干好不可。突出的探索精神是深入学习的保证，他们什么事情都想了解，都爱问个究竟，不仅好

问，更喜欢动手操作。在遇到困难时，善于排除各种干扰，坚持学习和探索，表现出顽强的意志品质。突出的探索精神和坚韧的毅力、出色的自控力是特长学生的意志特征。

（五）有优越感和幸福感，情绪稳定

特长学生一般都非常自信，有优越感和幸福感，大多数情况下表现出自信、愉快、安详，遇到问题并不忧虑，能正确对待，恰当解决。同时情绪比较稳定，以温和而又适当的态度表达他的情感，能适应日常变化，既不暴躁也不愤怒。这是特长学生的情绪特征。

（六）有较强的时间观念，讲究方法，重视效率

特长学生一般在特长领域内钻研较深，并努力使自己进入更高的层次，因此有较强的时间观念，讲究学习方法、重视提高效率这是特长学生的行为特征。

寸有所长、尺有所短，每个人都有自己的特长。尽管人们的才能发展是丰富多样的，特长的内容也各有所异，但作为特长学生都表现出了上述各方面的基本特征。学习物理学的人并不一定个个都成为物理学方面的人才，而物理的学习肯定是有益于各种人才的培养和成长。

二、物理特长生的个性特点

有关的研究材料表明，物理学科的特点决定物理人才应该具有的个性特点如下：

1. 心理状态是健康的、向上的。

2. 有观察自然现象和实践的浓厚兴趣，并有一定的科学想象力，有实事求是、一丝不苟的科学态度。

3. 知识面宽，这些知识是靠自学得来的，善于独立思考，抽象逻辑思维的能力比较强，具有思维的灵活性、深刻性和批判性。

4. 有信心、有自己的见解，不轻易地相信别人的结论，不墨守成规，有一定的方法论素养。

5. 有较强的意志和毅力，保持经常的兴奋状态，富于进取心，敢于和善于对待困难。

三、用问题唤起学生的思维

（一）对问题的认识

根据现代认知心理学的观点，所谓问题，一般解释为不能即时到达的目标。美国创造心理学家吉尔福特说认为，每当一个人不进一步做心理上的努力就不能有效地应付当前情况时，就遇到了问题。由此可见，问题并非与问句相等同。例如，当学生学习浮力知识时，如果问学生："将一块铁块放在水里时，它将沉入水底，还是浮出水面？"学生会不假思索地回答："铁块将沉入水底。"如果问学生："铁块放在水里将会下沉，但用铁板做成的轮船为什么能浮在水面上？"学生则无法立即做出回答。两个问句的区别在于，前者不具有问题性，后者具有问题性。[①]尽管在通常情况下，我们往往不加区分地将两类问句都称为问题，但实际上，只有具有问题性的问句才称得上是问题。关于问题的意义提示我们，在课堂上所有的发问，并非都向学生提出了问题，只有具有问题性的问题才能为教学创设问题情境。

（二）问题的作用

问题在科学探索中具有极为重要的意义，它是科学探索的出发点和动力。科学研究需要通过观察实验，获取关于自然的各种信息，然后进行理性分析，发现规律性的东西。虽然从表面上看，许多科学的发现似乎来自偶然的观察，但事实上任何人都是根据一定的问题去观察的。在观察之前总是先有某种"预期"，构成某种先于经验的参考框架。只有当观察的事实落入这一框架时，才会有所发现。如果没有"带着问题观察的头脑"，我们就无法与自然界进行有效的接触，就会对呈现在我们

---

① 王荣贞. 微课在中学物理教学中的应用 [J]. 西部素质教育，2019（21）：140.

面前的自然现象熟视无睹，或者只看到一些现象，而无法导致科学理论的发现。因此，可以说，科学理论的发现始于问题。科学发现的过程是一个不断地提出问题和发现问题的过程。科学发展的史实告诉我们，一门学科在某个时期提出的问题愈多，这门学科就愈有活力；科学家的创造力首先表现在他提出问题的能力，一个科学家愈能提出有价值的问题，他的科学创造力就愈旺盛。

学生学习知识的过程与科学家认识自然的过程有许多相似之处，他们要获取的东西对他们来说都是未知的，都需要获取各种的信息，并进行思维加工，对问题进行探索。因此，发现问题和提出问题在知识形成的过程中，是一个不可缺少的重要环节。

重视问题的提出就是重视知识获得的过程。传统教育把知识看作一种教育结果，它关心的是传授给了学生"多少知识"。现代教育则把知识看作一种过程，它除了关心所传授的知识的数量外，更关心的是"通过什么途径和方法"使学生获得知识。因此，重视问题的提出和问题情境的创设，乃是现代教育有别于传统教育的最基本的特征之一。在物理教学中，问题的作用主要表现在如下几个方面。

首先，问题是促进学习的动力。问题会使学生陷入困境，寻求问题的解答，摆脱问题的困扰，将会激起学生认识自然、理解自然的强烈愿望，给学生的认识活动带来极大的动力。例如，在教学物体的浮沉条件前，我们先做这样的演示：可口可乐瓶内装有一定量的水（不要装满），瓶盖旋紧，水中悬浮着一只用滴管做成的浮沉子。让学生观察（同时让学生猜测结果），当手指用力压瓶壁使之变形时（注意：手指位置应在滴管的下方），滴管将下沉，松手后，滴管又上浮。然后问学生：如何解释这一奇异的现象？这一问题情境将给学生造成一个悬念，它将有效地促进学生对相关知识的学习。

其次，问题能激励学生的思维。创造性思维起始于对困难或问题的认识，是围绕着解决问题而进行的，问题是思维的起点。例如，在学过实验室常用的温度计后，当教学体温计时，教师可以向学生提问：有了实验室常用的温度计，就可以它去测量在它的测量范围内的各种物体的温度，因此也可以用它去测量人的体温。试想，用实验室常用温度计测量人的体温合适吗？有哪些缺陷？应如何加以改进？这些问题可使学生的思维处于激发状态，它将激发学生积极思考。此外，在教学中，问题还能引起学生的兴趣及集中学生的注意力，为教学活动的成功进行创造良好的氛围。

（三）创设问题情境的方式

问题是物理教学的核心，物理教学的过程应当是一个不断地提出问题和解决问题的过程。解决问题首先是提出问题，因此，教师无论是在教学的整体过程，还是在教学过程中的某些微观环节，都应十分重视问题情境的创设，使学生进入问题探索者的"角色"。提出问题的实质在于揭示事物的矛盾或引起主体内心的冲突，在于动摇主体已有的认知结构的平衡状态。在物理教学中，教师创设问题情境包括以下几种基本的方式。

1．呈现想要加以理论解释的现象或事实创设问题情境

在教学液体的蒸发知识时，先给学生呈现的现象是：用扇子对着一支温度计扇，温度计的读数不变；将温度计的玻璃泡包上棉花，将棉花浸入酒精中，然后从酒精中取出，再用扇子扇，温度计的读数迅速下降。如何解释这一现象？这就给课堂教学创设了一个问题情境。

2．通过列举有待解决的事例来创设问题情境

在教学惯性知识时，教师举例：人绊倒时通常是向前扑，而人滑倒时往往是向后仰，如何解释这一现象？这是一个司空见惯的现象，但学生在学习惯性知识之前却难以做出正确的解释，于是容易产生解答问题的内在需要，进入问题情境。

3．提出知识实际应用的相关问题创设问题情境

在教学变阻器的课题时，教师讲述：在实际生活和生产中，许多事

要通过改变电路中电流的大小来实现。如改变台灯的亮度，改变收录机的音量，改变电风扇的转速，等等。那么，我们怎样才能改变电路中电流的大小呢？

4. 由旧知识的扩展引出新问题创设问题情境

在教学"通电导线在磁场中受到力的作用"课题前，学生已经学过奥斯特实验及力的相互作用等知识，于是可以提出：奥斯特实验表明，通电导线的周围存在着磁场，通电导线是通过周围的磁场对附近的小磁针产生作用的。根据力的作用的相互性，小磁针也要通过磁场对通电导线产生力的作用。那么，通电导线在磁场中受到的作用力的方向究竟与哪些因素有关呢？

5. 通过激发心理矛盾提出问题创设问题情境

在教学额定功率和实际功率知识时，先让学生看两只灯泡，一只标有"220V，40W"，另一只标有"220V，100W"。然后将它们串联在电路中，当闭合开关后，学生发现40W的灯泡比100W的灯泡亮得多，这是怎么回事？这个现象与他们原有的观念发生了严重的冲突，已有的平衡被破坏了，于是学生也就进入了问题情境。

6. 提出猜想，并加以检验创设问题情境

在学习光的直线传播前，先布置学生完成作业：取几张白纸，其上分别刻有小三角形、长方形。圆形的孔（线度尽可能小些），将它们分别平置于日光灯下靠近桌面处。先猜想桌面上出现的"光斑"（实则是实像）将各是什么形状，然后通过实验检验猜想。许多学生认为"光斑"的形状将分别是三角形、长方形、圆形。但实际上，他们所看到的都是细长的长方形，这使学生困惑不解，于是进入了问题情境。

（四）有价值的问题的评价标准

虽然问题对于物理教学具有十分重要的意义，但对于特定的教学环境（包括教学对象）。教学目的和教学内容，不同的问题是有很大差异的。那么，怎样的问题可称得上有价值呢？

1. 探索性

有价值的问题应当具有较强的探索性，正如波利亚所说的："我们这里所指的问题，不仅是寻常的，它们还要求人们具有某种程度的独立见解、判断力、能动性和创造精神。"例如，在教学欧姆定律前，学生已知道电压 U 是电路形成电流的原因，电阻 R 是导体对电流 I 的阻碍作用。据此，可以让学生思考：某个导体的电阻 R、它两端的电压 U 及通过它的电流 I 之间是否存在着一定的关系？若有，请你定性加以描述。但这仅仅是一个猜测性的推想，如何用实验去检验你的猜测？它要求学生根据已有知识建立假说，然后设计实验方案进行检验，而实验要用到控制变量的方法。但只要教师善于加以引导，学生是可以获得问题的答案的。当然，探索性的强弱是相对的，它应当与学生的实际水平相适应。

2. 启示性

有价值的问题应当能启示学生掌握课本的基础知识和基本技能，应当做到不偏不倚。问题的探索过程主要是培养学生的能力，但它应当有利于基础知识的教学和基本技能的训练。

3. 扩展性

问题应当具有进一步发展的余地，可以由一个母问题引出若干个子问题。事实上，问题解决的过程也是一个不断地提出一系列子问题的过程，子问题是否合适，将直接影响着问题解决的成败。例如，对于导体电阻的大小究竟与哪些因素有关的问题，我们可以进行如下分解。

（1）导体电阻的大小可能与哪些因素有关？试根据已有的知识进行猜测。

（2）导体的电阻与各相关因素的关系可能如何？试猜测。

（3）如何通过实验确定导体的电阻与长度、横截面积、材料的关系？试设计实验电路。

（4）在检验导体的电阻与各相关因素的关系时，实验条件应怎样进行控制？

（5）由本实验可以看到，对多因素的问题，要通过实验确定各个因素的作用，其基本方法是什么？

4．现实性

根据生产和生活的实际而提出的问题可以使学生感到物理学习的现实意义，认识到知识的价值，因此也更容易激发学生的好奇心和兴趣。例如，在教学电磁铁课题时，可以提出这样一个问题：工厂的厂房中有一堆废钢铁，但很难用人工的方法搬动，现要将它们搬到车上运走，该怎么办？对于如何解决这个问题，学生会产生探究的欲望。

四、物理特长生的培养

（一）因材施教，发挥特长

对物理特长生的培养主要是因材施教，发挥特长。因为每个正常的孩子不但有其与众不同之处，而且他的特殊才能在适当条件下都能发展得超群出众。因此，有的教育家认为：教育的伟大力量就在于它能在多大程度上区别对待地致力于发展每个孩子的智慧和形成他们的个性特点。青少年的个性是多种多样的，学生的天赋有差别，个体高级神经活动最初的反应能力有强弱、快慢之分，因此依据个性，因材施教，这是教育的一个重要着眼点。

（二）启发学生积极思维，鼓励学生的创新性活动

思维能力是智力的核心，学生的思维能力是掌握知识的重要条件，同时它又主要是在掌握知识的过程中发展起来的。因此在物理教学中，要重视物理知识传授过程中的能力培养，鼓励学生的求异思维和创造性活动。鼓励学生进行幻想，并创造条件，给予机会，组织他们进行各种培养想象力的练习。

（三）培养学生的自学能力

自学在当今社会具有十分普遍的意义。教育上有句名言：教是为了

不教。这也说明培养学生自学能力的重要性。特别对物理特长生要通过自学来掌握许多的物理知识，通过自学品尝到学习上成功的喜悦和人格上的欢乐，给他们显示自己才能的机会。要培养学生的自学能力，就要教给学生自学的方法。自学首先要制订自学计划，明确自学的目的，确定自学要达到的目标，做好自学前的知识上、身体上、物质上的各种准备。其次在确定学习目标后，要根据学习目标和个人的实际情况选择教材，规定学习时间和进度。对选择的书籍可采用粗读、精读等方法进行阅读，并对自学笔记及时复习和整理，对于不懂的问题及时请教，对学习结果可以自测。可以说，培养学生的自学能力，激发学生自学的兴趣，是发挥学生特长，促使学生尽快成长的有效途径。

（四）加强特长学生良好品德与坚强意志的培养

特长儿童在智力上是有特长的，但在品德上则不一定超长，甚至可能会落后。我们培养的人才，首先必须是具有高尚品德和情操的人，因此，思想品德教育是十分重要的。加强学生坚强意志的培养主要是培养学生的自控能力，即善于支配和控制自己的心理和行为的能力。因为只有有自控能力的人，才能克服内心障碍和外界干扰因素，及时并坚决地去执行已经决定的各种决策。培养学生自控能力主要从意识自控、情感自控、认知自控等方面着手。对于意识的自控，要以高尚的情操、坚强的意志控制和消除错误意识的产生和发展。对于情感的自控，要表现出好奇心、求知欲、自信感以及对真理的热爱等。认知自控包括知觉自控和思维自控，知觉自控是通过控制自己的认知活动，对认知对象进行筛选，抵制有害的信息，积极获取有益的知识；思维自控是指使自己思维活动保持最佳状态。培养学生自控能力的主要方法是帮助学生树立正确的世界观、人生观和价值观，使学生做到遇事冷静，能独立思考，能自省，具有不怕挫折的勇气和坚持学习的恒心。

（五）培养学生的物理创造性思维

随着我国改革开放的不断深入，人们已经越来越认识到，社会的竞争主要是人才的竞争，而人才竞争的实质就是人才创造力的竞争，所以，对开拓型、创造型人才的培养日益受到人们的关注。对于物理教学而言，学生创造性思维的培养是非常重要的内容。

参考文献

[1]常焱瑞.中学物理教学模式与素养教育[M].长春:东北师范大学出版社,2017.

[2]董友军.基于物理学科核心素养的教学实践与反思[M].广州:暨南大学出版社,2019.

[3]伏振兴.物理基础教学改革研究[M].银川:阳光出版社,2019.

[4]高秀丽.核心素养导向的中学物理情境教学实践研究[M].长春:东北师范大学出版社,2021.

[5]黄洪才.基于核心素养的中学物理课堂教学[M].长沙:湖南师范大学出版社,2021.

[6]巨晓红.基于核心素养的初中物理教学实践[M].长春:吉林人民出版社,2021.

[7]卢慕稚,张友金,闫立新.中学物理教师学科专业素养与课堂教学实践[M].北京:首都师范大学出版社,2013.

[8]卢慕稚.中学物理教师的探究教学观研究[M].南宁:广西教育出版社,2016.

[9]孟建玲,杜士杰,袁继文.物理课程教学新思维[M].兰州:甘肃教育出版社,2017.

[10]孟桂菊,王小兰.中学物理教学实用技能[M].北京:科学出版社,2021.

[11]牛可刚,李峰云,张新桃.信息时代中学物理教学模式改革的研究[M].长春:吉林人民出版社,2018.

[12]钱永昌.创新素养导向的中学物理教学探索[M].福州:福建人民出版社,2019.

[13]尚雪丽.寻万物以理:基于核心素养的初中物理教学探索与实践[M].昆明:云南科技出版社,2021.

[14]孙禄英.初中物理教学策略研究[M].长春:吉林人民出版社,2022.

[15]孙明杰,杨泽伟,杨继增.高中物理分层教学的有效性探究[M].长春:吉林人民出版社,2020.

[16]谭孝君,王影,齐丽新,等.物理教学模式与视角创新[M].长春:吉林人民出版社,2017.

[17]王浩,何全瑛,赵广义.基于核心素养的物理学科能力探究[M].长春:吉林人民出版社,2020.

[18]王家山.高中物理教学与解题研究[M].上海:上海社会科学院出版社,2020.

[19]王永元.中学物理课堂问题化教学研究[M].苏州:苏州大学出版社,2020.

[20]王运淼,杨清源,魏华.中学物理听课评课[M].北京:高等教育出版社,2018.

[21]徐成华.高中物理教学研究[M].上海:上海社会科学院出版社,2017.

[22]徐刚.基于核心素养下物理学科能力探究[M].长春:吉林人民出版社,2020.

[23]薛永红,王洪鹏.物理文化与物理教学[M].济南:山东科学技术出版社,2018.

[24]杨宏.基于核心素养的高中物理教学设计与方法[M].长春:吉林人民出版社,2021.

[25]于文高,陈浩.中学物理教学设计与案例分析[M].苏州:苏州大学出版社,2018.

[26]张同洋.创新视角下的物理教学模式[M].长春:吉林人民出版社,2017.

[27]张修江,何帮玉.物理创新性教学与高效课堂[M].长春:吉林人民出版社,2019.

[28]张玉峰.基于核心素养的中学物理实验教学重难点突破[M].北京：北京师范大学出版社,2021.

[29]钟及龙.核心素养培养与中学物理教学[M].重庆:重庆大学出版社,2018.

[30]周兆富.中学物理教学研究[M].西安:陕西科学技术出版社,2021.

[31]朱崇山.中学物理高质量教学模式构建与创新[M].青岛:中国海洋大学出版社,2023.

[32]朱洪春.中学物理实验教学研究和实践[M].长春:吉林人民出版社,2022.